HTML e CSS

Dados Internacionais de Catalogação na Publicação (CIP)
(Simone M. P. Vieira – CRB 8ª/4771)

Pedro, Paulo Henrique Santo
    HTML e CSS / Paulo Henrique Santo Pedro. – São Paulo
: Editora Senac São Paulo, 2024. (Série Informática)

    Bibliografia
    ISBN 978-85-396-4854-2 (Impresso/2024)
    e-ISBN 978-85-396-4859-7 (ePub/2024)
    e-ISBN 978-85-396-4858-0 (PDF/2024)

    1. HTML 2. CSS 3. Linguagem de programação
4. Informática I. Título. II. Série

23-2033g
CDD – 005.13
BISAC COM079010
COM051210

Índice para catálogo sistemático:

1. Linguagem de programação   005.13

HTML e CSS

Paulo Henrique Santo Pedro

Editora Senac São Paulo – São Paulo – 2024

ADMINISTRAÇÃO REGIONAL DO SENAC NO ESTADO DE SÃO PAULO

Presidente do Conselho Regional: Abram Szajman
Diretor do Departamento Regional: Luiz Francisco de A. Salgado
Superintendente Universitário e de Desenvolvimento: Luiz Carlos Dourado

EDITORA SENAC SÃO PAULO

Conselho Editorial: Luiz Francisco de A. Salgado
Luiz Carlos Dourado
Darcio Sayad Maia
Lucila Mara Sbrana Sciotti
Luís Américo Tousi Botelho

Gerente/Publisher: Luís Américo Tousi Botelho
Coordenação Editorial: Verônica Pirani de Oliveira
Prospecção: Dolores Crisci Manzano
Administrativo: Verônica Pirani de Oliveira
Comercial: Aldair Novais Pereira

Edição de Texto: Camila Lins e Eloiza Mendes Lopes
Preparação de Texto: Adriane Gozzo
Revisão de Texto: Bruna Baldez
Coordenação de Revisão de Texto: Marcelo Nardeli
Coordenação de Arte: Antonio Carlos De Angelis
Capa e Editoração Eletrônica: Sandra Regina Santana
Coordenação de E-books: Rodolfo Santana
Impressão e Acabamento: Gráfica Santa Marta

Nenhuma parte desta publicação poderá ser reproduzida, guardada pelo sistema "retrieval" ou transmitida de qualquer modo ou por qualquer outro meio, seja este eletrônico, mecânico, de fotocópia, de gravação, ou outros, sem prévia autorização, por escrito, da Editora Senac São Paulo.

Todos os direitos desta edição reservados à
Editora Senac São Paulo
Av. Engenheiro Eusébio Stevaux, 823 – Prédio Editora
Jurubatuba – CEP 04696-000 – São Paulo – SP
Tel. (11) 2187-4450
editora@sp.senac.br
https://www.editorasenacsp.com.br

© Editora Senac São Paulo, 2024

Sumário

Apresentação	7
O que é a Série Informática	9
Estrutura do livro	9
Utilizando o material da Série Informática	9
O começo de tudo	11
Colocando computadores para "conversar"	13
HTML, a linguagem de marcação	14
Mas este livro também é sobre CSS?	15
Do Bloco de Notas ao Visual Studio Code (VS Code)	16
HTML	29
Vim do futuro, e nele você saberá "debugar" códigos!	31
O HTML	33
Atividade 1 – Meu primeiro site	34
Atividade 2 – Tudo organizado, por favor	37
Atividade 3 – Navegar é preciso, conectar é uma missão	42
Atividade 4 – Luz, câmera, ação!	57
Atividade 5 – Tabulando tabelas e outras coisas	72
CSS	83
Hierarquia de estilos: isso é importante!	85
Atividade 1 – Formate. Quem? Todos!	87
Atividade 2 – Nem tudo que tabela é tabela	114
Atividade 3 – A geografia do CSS	125
Atividade 4 – *Forms*	147
Atividade 5 – Eu me ajusto muito! Muito!	163
Acessibilidade	175
Codificando para todos!	177
Sobre o autor	181
Índice geral	183
Referências	187

Apresentação

O que é a Série Informática

A Série Informática foi criada para você aprender informática sozinho, sem professor! Com ela, é possível estudar, sem dificuldade, os softwares mais utilizados pelo mercado. O texto de cada volume é complementado por arquivos eletrônicos disponibilizados pela Editora Senac São Paulo.

Para aproveitar o material da Série Informática é necessário ter em mãos o livro e um equipamento que atenda às configurações necessárias para instalar e executar os softwares usados.

Neste volume, apresentamos informações básicas para programar em HTML e CSS. O livro é composto de atividades que lhe permitem estudar essas linguagens passo a passo. Leia-as com atenção e siga todas as instruções. Se encontrar algum problema durante uma atividade, recomece-a; isso vai ajudá-lo a esclarecer dúvidas e suplantar dificuldades.

Estrutura do livro

Este livro está dividido em capítulos, que contêm uma série de atividades práticas e informações teóricas sobre HTML e CSS.

Para obter o melhor rendimento possível em seu estudo, evitando dúvidas ou erros, é importante que você:

- leia com atenção todos os itens do livro, pois sempre encontrará informações úteis para a execução das atividades;
- faça apenas o que estiver indicado no item e só execute uma sequência após ter lido toda a instrução do respectivo item.

Utilizando o material da Série Informática

Usar o material da Série Informática é muito simples: inicie sempre pelo Capítulo 1, leia atentamente as instruções e execute, passo a passo, os procedimentos indicados.

Para a execução das atividades dos capítulos, disponibilizamos os arquivos necessários em nosso site. Ao fazer o download, você terá acesso a alguns recursos de apoio para realizar as tarefas e aos arquivos finalizados para poder comparar ou tirar dúvidas, se necessário.

Para obter e utilizar os arquivos das atividades, siga as instruções:

1. Faça o download do arquivo no endereço:

www.editorasenacsp.com.br/informatica/html_css/atividades_prontas.zip

2. Após o download, crie uma pasta em sua área de trabalho (ou em local de sua preferência) com o nome *Arquivos livro*.

3. Copie para dentro da pasta criada o arquivo *Atividades prontas.zip* baixado.

4. Descompacte-o. Com isso, você terá duas pastas:

- Pasta *HTML*: contém o resultado final das atividades propostas referentes ao HTML.

- Pasta *CSS*: contém o resultado final das atividades propostas referentes ao CSS.

Agora que você já sabe como utilizar este material, inicie o estudo do HTML e do CSS partindo do Capítulo 1. E não se esqueça: leia com muita atenção e siga corretamente todos os passos, a fim de obter o melhor rendimento possível em seu aprendizado.

Bons estudos!

1

O começo de tudo

OBJETIVOS

» Entender como surgiram o HTML e o CSS

» Conhecer algumas das principais ferramentas para escrever códigos de programação

Colocando computadores para "conversar"

A velocidade da comunicação sempre foi algo importante para difundir uma ideia, um conceito, um ponto de vista. Aumentar essa velocidade é um dos objetivos mais perseguidos pela humanidade, desde o início das interações sociais.

Por exemplo, um observador no topo de uma torre de vigia precisa informar à população da cidade, com muita rapidez, a iminência de uma catástrofe. Do mesmo modo, o observador de um navio precisa avisar ao restante da tripulação, o mais rapidamente possível, a aproximação de uma tempestade ou o avistamento de um *iceberg*.

Ao pesquisar a cura para uma nova doença, os cientistas necessitam divulgar, com muita velocidade, os dados obtidos nessas pesquisas, para que os demais pares, em outras localidades, possam trabalhar em conjunto em uma cura global.

E foi assim, difundindo conhecimento em larga escala, que começamos a utilizar os computadores como forma de comunicação. Não bastavam mais dois ou três supercomputadores "conversando" de maneira fechada entre laboratórios de uma mesma empresa. Era preciso expandir e conectar mais computadores, mais cientistas, mais pessoas.

Assim surgiu a internet, com o objetivo de comunicar e difundir conhecimentos, informações, imagens, notícias, *memes*, etc. Mas como fazer os computadores entenderem o que estamos transmitindo de um lado para outro?

Para isso, podemos analisar como nós, seres humanos, nos comunicamos. Primeiro, é necessário estabelecer o meio, um protocolo. Você já reparou que, ao digitar o endereço de um site, o navegador coloca um HTTP antes do endereço propriamente dito? Esse é o protocolo – HTTP vem de hypertext transfer protocol. Esse protocolo de transferência de hipertexto é o grande segredo (ou parte dele), pois permite que outro elemento importante, um certo hypertext markup language (linguagem de marcação de hipertexto, o HTML), transite pelo meio.

Tanto HTTP como HTML vêm de hipertexto. Mas o que seria esse tal de hipertexto, que demanda um protocolo e uma linguagem de marcação? (Não que eu espere que, neste momento, você saiba o que é linguagem de marcação.) "Hipertexto" é um termo cunhado em 1963 por Ted Nelson que remete a todo tipo de documento, texto, imagem e outros elementos e suas conexões (links), as quais, dada a complexidade dessa teia gerada por elas, são conhecidas como hiperconexões. Assim, um texto hiperconectado é um hipertexto.

Com essa definição, fica mais fácil falar do protocolo, o famoso HTTP. Para isso, vamos observar nossa comunicação. Neste exato momento, estamos estabelecendo um protocolo que, para este meio, é de leitura, no qual eu, autor, escrevo, e você, leitor, lê. Esse nosso protocolo de comunicação é bem-sucedido, porque você é capaz de ler estas páginas (ou ouvir, se estiver usando outro mecanismo de leitura por voz), uma vez que conhece o idioma no qual o livro está escrito e compreende a gramática e semântica utilizadas; ou seja, você sabe que os parágrafos desta página fazem mais sentido se lidos de maneira sequencial, de cima para baixo, da esquerda para a direita. Mas e se o livro for traduzido para o árabe? Nesse caso, o protocolo, ou o conjunto de regras de leitura, vai mudar, e, mesmo quando mantida a leitura de cima para baixo, o fluxo do texto será invertido, da direita para a esquerda. Caso este livro se transforme em um mangá, repleto de ação e drama, então você terá de começá-lo pelo fim, pois o protocolo de leitura de mangá é inverso ao dos gibis ocidentais.

Enfim, HTTP é isso: o protocolo de transmissão do código (na maioria) HTML. Como veremos adiante, outras linguagens podem ser transmitidas por HTTP, como JPG e GIF, de imagens; JS, para códigos JavaScript; e CSS.

HTML, A LINGUAGEM DE MARCAÇÃO

A linguagem de marcação é bem simples de explicar. Imagino que, a esta altura da vida, você já tenha feito alguma prova na escola, desde aquela em que foi bem até aquela em que não foi tão bem. Ao resolvê-la, você preencheu lacunas ou fez *marcações* nos campos indicados pelo professor, de acordo com seu conhecimento, e, em outro momento, o professor corrigiu sua prova e fez outras *marcações*, indicando seus acertos com um sinal e seus erros com outro. Muito provavelmente, no topo dessa prova, ele *marcou* sua nota final. Essas marcações são indicações muito comuns para os observadores ou leitores dessa prova, de modo que, ao verem as marcações em suas respostas e a marcação no topo, sabem exatamente o que está acontecendo. Espero que um desses leitores tenha ficado feliz ao ver as marcações do professor. O HTML é isso: uma série de marcações feitas no hipertexto, de modo que os leitores (computadores) saibam, com exatidão, o que está sendo transmitido e, assim, possam formar as páginas de internet com as quais você está acostumado a interagir.

TimBL

É difícil iniciar qualquer livro ou texto sobre HTML sem mencionar minimamente *sir* Tim Barnes-Lee, ou TimBL, como aparece em algumas publicações. Ao longo de seu trabalho no CERN e à frente do W3C (World Wide Web Consortium), ele foi responsável por definir o que seria a Rede Mundial de Computadores (ou WWW, World Wide Web) e por especificar a linguagem HTML, definindo, em 1980, as primeiras marcações ou, simplesmente, TAGS. Em sua primeira publicação sobre HTML, Tim definiu apenas 18 tags (http://info.cern.ch/hypertext/WWW/MarkUp/Tags.html [1991]), várias das quais não são mais suportadas hoje. Neste livro, vamos conhecer algumas, como TITLE, H1 e A. Outras, como NEXTID, não são mais usadas.

Tim montou o primeiro servidor HTML, computador responsável por armazenar e distribuir conteúdos em HTML, e o primeiro navegador de internet, capaz de exibir, de forma correta, o conteúdo marcado com as primeiras 18 tags (vamos aprender muitas tags neste livro). Esse experimento foi levado para as universidades e, mais tarde, para o bolso de boa parte dos seres humanos no mundo todo.

Crédito: Paul Clarke, CC BY-SA 4.0.

Mas este livro também é sobre CSS?

Sim, este livro também é sobre CSS, ou cascading style sheet (folha de estilos em cascata). Mas o que isso quer dizer? O nome é meio complicado, e os conceitos que ele tenta descrever não farão sentido antes de entrarmos nesse tópico. Imagine a internet meio monocromática, com páginas que sempre têm o mesmo tipo de letra e nas quais os conteúdos são dispostos sempre da mesma forma.

O CSS vem mudar isso de forma profunda e organizada, em que cada estilo descrito para um elemento, como um título, pode ser feito em detalhes, como o autor de um livro descreve a cor e a forma de uma paisagem. Essa riqueza na descrição só é possível porque o CSS apresenta vocabulário mais elaborado.

No início do HTML, aquele desenvolvido por Tim, uma fonte era descrita como *font*, e assim era possível apenas dizer se era Times New Roman, Arial ou qualquer outra bem básica. Cor era apenas *color*, e tamanho era *size*. Com o CSS e seu vocabulário mais elaborado, foi possível escrever *font-family* e especificar que se queria Times New Roman e qualquer outra fonte serifada (serifa é aquele "pezinho" presente nas fontes mais "chiques" e formais) – afinal, não há garantia de que no computador do usuário haja a fonte Times New Roman instalada. Também é possível escrever *font-size*, *font-weight*, *font-kerning* e *font-stretch* (que correspondem a tamanho, peso, espaçamento de caracteres e distorção, respectivamente), além de alterar os caracteres com *letter-spacing*, *text-decoration* e *text-align* (espaçamento, decoração e alinhamento, respectivamente).

Esse vasto vocabulário do CSS está em praticamente todo tipo de elemento. Texto, forma, fundo, caixas, campos, listas e menus são todos customizáveis que usam, de alguma forma, essas palavras do CSS, as quais chamamos de atributos, uma vez que são as características do elemento que será manipulado.

Do Bloco de Notas ao Visual Studio Code (VS Code)

Antes de começarmos a codificar, precisamos nos familiarizar com as ferramentas que utilizaremos daqui em diante. O mais interessante é que algumas delas estão presentes em seu computador, e com certeza você as usa todos os dias.

Bloco de Notas

O Bloco de Notas (ou *Notepad*) é um programa padrão do Windows (desde as primeiras versões) e não precisa ser instalado.

Para abri-lo, clique em *Iniciar* e digite *bloco de notas* (ou *notepad*). Na lista de resultados, procure pelo programa com o ícone mostrado a seguir.

Outra forma é clicar em *Iniciar* e depois procurar por *Todos os Apps* e *Acessórios do Windows*. Então, você poderá encontrar o Bloco de Notas.

Uma vez aberto, você perceberá que o Bloco de Notas é um programa bastante simples, com poucos itens de menu e uma interface com poucos elementos.

Usando o Bloco de Notas como ferramenta de programação

O menu do Bloco de Notas, além de ser bastante simplificado, é bem intuitivo. Ao abrir o programa, aparece um documento em branco, no qual você poderá começar a criar conteúdos de qualquer tipo. Para salvar um conteúdo em formato HTML, você pode ir ao menu *Arquivo*, clicar na opção *Salvar como* e, na janela que vai aparecer, editar o nome do arquivo e sua extensão (a extensão é o que vem depois do ponto, por exemplo, "txt"), alterando-a para "html". Por exemplo, você pode nomear o documento como "1.html".

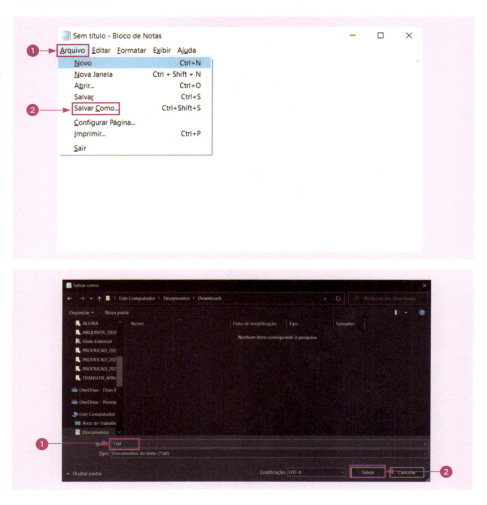

Por fim, clique em *Salvar*, e pronto!

O Bloco de Notas também permite alterar a codificação do arquivo (mais adiante, veremos como isso é importante). Para isso, clique em *Codificação* (*Encoding*) e escolha *UTF-8*, pois, como padrão, o Bloco de Notas usa ANSI.

Instalando o Chrome

Outra ferramenta que permite criar e editar códigos HTML e CSS que usaremos neste livro é o navegador. Isso mesmo! Vamos usar o próprio navegador e até nos sentiremos meio hackers, já que vamos usar os códigos "por baixo" das páginas!

Sugiro utilizar o Google Chrome, o Microsoft Edge ou o Opera, tendo em vista que nos três o sistema é similar. Veja, a seguir, como instalar o Chrome e acessar as ferramentas de programador desse navegador.

1. Acesse www.google.pt/intl/pt-PT/chrome e clique em *Transferir o Chrome*.

2. Se solicitado, clique em *Executar* ou *Salvar*.

3. Se você selecionou *Salvar*, clique duas vezes no botão de download para iniciar a instalação.

4. Inicie o Chrome:

   a. **Windows 7:** uma janela do Chrome é aberta quando tudo é concluído.

   b. **Windows 8 e 8.1:** uma caixa de diálogo de boas-vindas é exibida.

   c. **Windows 10:** uma janela do Chrome é aberta após tudo ser concluído.

Veja o guia completo em: https://support.google.com/chrome/answer/95346?hl=pt-br.

Usando o Chrome como ferramenta de programação

Com o navegador aberto, clique com o botão direito do mouse (ou simulador/atalho de botão direito, caso utilize outra forma de navegação no computador) e procure a opção *Inspecionar*.

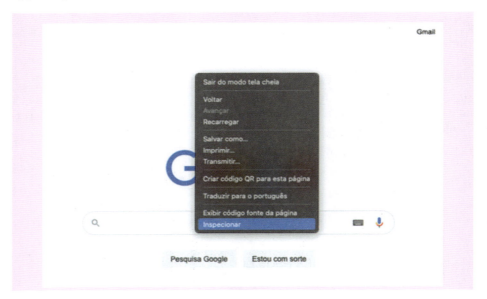

O Chrome vai apresentar uma janela com códigos igual a esta:

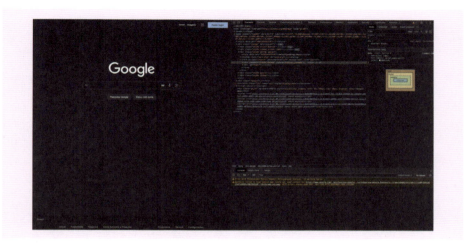

Nessa janela, busque a aba *Sources* (*Fontes*).

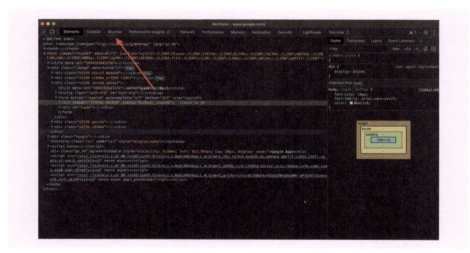

Nessa tela, procure o botão *Add folder to workspace* (*Adicionar pasta ao espaço de trabalho*).

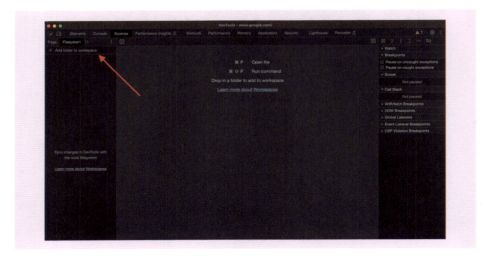

Antes de prosseguir, vá até a janela do Windows, navegue até a pasta de documentos e crie uma pasta de nome *CODIGOS* (não utilize acentos ao nomear pastas e arquivos); dentro dela, crie a pasta *Atividade 0*.

Volte ao Chrome e clique na opção *Add folder to workspace* (*Adicionar pasta ao espaço de trabalho*). Quando você selecionar nossa pasta *CODIGOS*, o Chrome pedirá permissão para acessar a pasta. Clique em *Permitir*.

Clique em *Selecionar* para voltar ao Chrome, na opção *Sources* (*Fontes*). A pasta *Atividade 0* aparecerá na lista do lado esquerdo da tela.

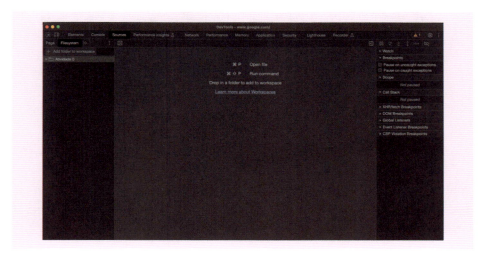

Para finalizar, criaremos um arquivo. Com o botão direito do mouse, clique em *New File* (*Novo arquivo*).

Nomeie o arquivo como *arquivo1.html* e digite "OI!", como na imagem a seguir. Por fim, você perceberá que aparece um asterisco ao lado da janela do arquivo e talvez sinta falta do botão *Salvar*. Para salvar o documento, utilize o comando de teclado *Ctrl + S*.

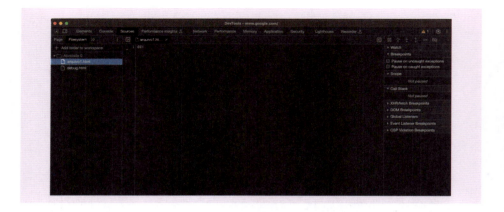

Pronto, arquivo salvo! Mas calma: ele ainda não é um HTML.

Agora vamos para a última ferramenta que quero apresentar antes de falar de debug e mergulhar no código HTML!

Instalando o Visual Studio Code (VS Code)

Até 2021, esta era a ferramenta mais utilizada pelos programadores do mundo todo. Neste livro, não vamos mostrar como utilizá-la em detalhes, apenas apresentaremos sua instalação e sua interface. Mas, caso você se aprofunde em código JavaScript ou outras linguagens, como Node.js, PHP, C#, Clojure e outras, recomendo muito se aprofundar nessa ferramenta incrível que é o VS Code e sua infinidade de plugins e recursos.

Para instalar o VS Code, acesse https://code.visualstudio.com/download e clique em *Windows*. Um download deverá ser iniciado.

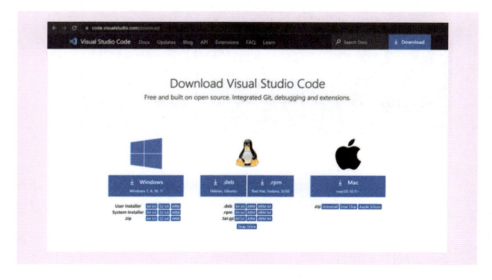

Com o download concluído, clique no arquivo baixado, e uma janela de instalação aparecerá.

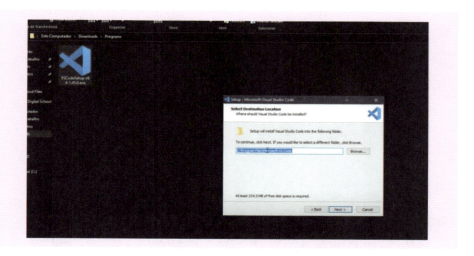

Siga os passos clicando em *Prosseguir*, até receber a mensagem de alerta de segurança do Windows.

Nessa janela, dê permissão ao VS Code para interagir com seus documentos. E não se preocupe: o VS Code é um programa oficial da Microsoft e não danificará seu dispositivo. Para continuar, aceite os termos de uso do VS Code.

Depois, marque as opções apresentadas na imagem a seguir.

Na última tela, uma janela perguntará se você deseja iniciar o VS Code ao terminar a instalação. Marque a opção e finalize.

Tanto a aparência como a estrutura do VS Code são muito parecidas com as ferramentas de desenvolvedor do Chrome. No entanto, essa é uma ferramenta muito poderosa, que permite integração com várias linguagens de programação, bancos de dados e outras ferramentas que você poderá aprender conforme avançar na sua atuação como desenvolvedor.

Mesmo sendo tão poderoso, o VS Code é muito simples de usar e por isso atrai tantos programadores. Façamos o mesmo caminho do Bloco de Notas, clicando em *Arquivo* e *Novo Arquivo*. Ao salvar, adicionaremos a extensão ".html".

Vamos nomear o arquivo como *arquivo1.html* e digitar "OI!". Esse arquivo ainda não é um HTML, mas podemos perceber que o VS Code organiza a exibição com abas como um navegador, permitindo gerenciar vários arquivos abertos ao mesmo tempo.

Como tanto o Bloco de Notas quanto o VS Code tornam nosso processo de aprendizado mais complexo neste momento, optei por montar as atividades deste livro usando o Chrome, pois podemos vê-los em funcionamento ao mesmo tempo que criamos o código, sem precisar de dois programas abertos.

Vamos começar?

2

HTML

OBJETIVOS

» Conhecer o conceito de "debugar"

» Conhecer as tags \<head\>, \<body\>, \<footer\>, \<main\>, \<section\>, \<aside\>

» Aprender a definir cabeçalhos, parágrafos, negritos e itálicos

» Aprender a criar listas e links

» Aprender a adicionar imagens, áudios e vídeos às páginas

» Entender o que é tabulação de dados

Vim do futuro, e nele você saberá "debugar" códigos!

Diz-se que a programação é uma ciência exata. No entanto, quando estava na faculdade, descobri que não há nada de muito exato nessa ciência, ainda mais quando se está trabalhando pesado por semanas, meses e anos a fio em um único código que passou facilmente das dezenas de milhares de linhas.

É aí, depois das dezenas de milhares de linhas (às vezes, na primeira dezena de linhas), que os bugs "moram" e surgem de modo tão inesperado quanto um pernilongo na madrugada, no melhor do sono. Lembro-me bem de quando os sistemas resolviam cair naquela linha mal escrita às três da manhã.

Naquele momento, com sono e os superiores ligando – porque, em poucas horas, o sistema precisava estar pronto para uso dos clientes –, era que a gente se valia da técnica mais utilizada por programadores de todas as linguagens, a qual, de tão popular, foi aportuguesada, mesmo havendo uma palavra em português para ela; nesse momento, a gente tinha que "debugar" o código. "Debugar" e depurar significam, respectivamente, remover os bugs (erros) e limpar, sanitizar.

Daqui para a frente, usarei a expressão "debugar", mas a ideia é a mesma tanto em inglês como em português: corrigir ou remover um erro.

Na seção anterior, mencionei que usaremos o Google Chrome como ferramenta de programação, uma vez que ele também apresenta uma boa ferramenta de debugação. Para iniciar, usando o Google Chrome, crie um arquivo chamado *debug.html* na pasta *Atividade 0* criada no capítulo anterior e digite o seguinte código:

```html
<html>
    <body>
        <h1>Este é um título</h1>
        <p>E este é um parágrafo.</p>
    </body>
</html>
```

O resultado no *Sources* (*Fontes*) deve ficar igual à imagem a seguir.

Quando você acessar o Chrome, verá uma tela como esta:

Sem se dar conta, você escreveu seu primeiro HTML! Logo entraremos nos detalhes desse código. Agora, preciso explicar como detectamos os erros e melhoramos o código.

Para isso, clique com o botão direito na frase "Este é um título" e depois em *Inspecionar*.

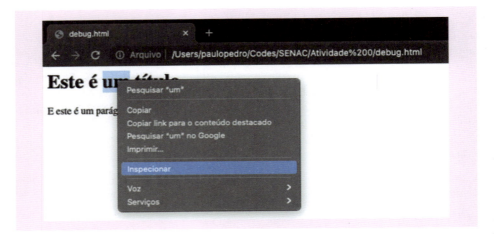

As ferramentas de desenvolvedor do Google Chrome mudarão para a aba *Elements* (*Elementos*) e destacarão a linha em que está o título.

Imagine que precisamos alterar o título para "Este é um título alterado"; antes, porém, é preciso ver qual será o comportamento, antes de aplicar, de fato, o código final.

Faremos nosso primeiro debug clicando duas vezes sobre o texto. Em seguida, vamos alterá-lo, como mostra a imagem a seguir, e clicar em *Enter*.

Você perceberá que a página foi alterada, mas não o código na aba *Sources* (*Fontes*).

Este é um título alterado

E este é um parágrafo.

Quando você tiver certeza de que o código está de acordo com o esperado, basta salvá-lo ou copiá-lo para o código do arquivo e salvar.

Para outras linguagens, como o CSS, não será preciso salvar ou copiar o código, mas isso será ensinado em outro capítulo.

Por ora, você já sabe como debugar um código HTML, e isso será muito útil nas atividades que faremos daqui em diante.

Agora, vamos ao HTML!

O HTML

O HTML, como explicado, é construído sobre marcações ou marcadores. Um marcador HTML é definido como tag e tem a seguinte sintaxe: <tag>, ou seja, aparece entre os símbolos de menor e maior, e uma palavra define o marcador.

Temos tags para parágrafo (<p>), imagens (<img>) e uma infinidade de aplicações. Aqui, vale ressaltar que a maioria das tags HTML tem significado similar ao que desejamos que o navegador apresente: um título, um parágrafo, uma palavra em negrito, uma imagem, etc.

Normalmente, quando aplicamos uma tag em um conteúdo, é necessário fechá-la para mostrar ao navegador que determinado elemento foi encerrado (por exemplo, um título, como na atividade anterior).

```
<h1>Titulo de exemplo </h1>
```

Nesse caso, além de colocar um <h1>, precisamos informar que o título terminou em </h1>. A barra invertida informa que a marcação terminou e não deve ser seguida nas próximas linhas.

Algumas tags têm a característica de serem self-closed, ou seja, não precisam de outra tag para encerrar um conteúdo.

```
<img src="imagem.jpg" />
```

A tag <img>, no exemplo anterior, termina com os sinais de barra invertida e menor, o que significa que ela mesma se fecha, sem necessidade de um </img>. Esse exemplo também mostra o uso de um atributo. No caso do atributo *src*, ou *source*, endereçamos uma imagem.

Os atributos são usados para definir as características de uma tag, como o tamanho de uma imagem, os controles de um vídeo e o uso de um ou mais estilos CSS, como veremos adiante.

ATIVIDADE 1 – MEU PRIMEIRO SITE

Antes de iniciar nossa primeira atividade, criaremos uma pasta chamada *Atividade 1* e, usando o Google Chrome, um arquivo chamado *index.html*. É comum que o arquivo raiz de um site tenha esse nome e sirva como página inicial de sites ou mesmo de conteúdos, como de um ePub. Sim, o ePub é construído com HTML, mas isso fica para outro livro!

<head>, <body> e <footer>

Nossas primeiras tags servem para estruturar o código de qualquer página. Elas são <html>, <head>, <body> e <footer>.

A tag <html> informa ao navegador que todo conteúdo dentro dela e seu fechamento são HTML, do mesmo modo que a tag <head> informa todo o cabeçalho necessário para que o código funcione corretamente.

Digite o código a seguir no arquivo *index.html* e veja o que aparece quando o abrir no navegador.

```
<!DOCTYPE html>
<html>
    <head>
        <title>Atividade 1</title>
    </head>
    <body>
        <h1></h1>
        <p>Primeira linha <br/> segunda linha</p>
        <p>Terceira linha em outro parágrafo</p>
    </body>
    <footer>
        <p>Conteúdo criado por mim!</p>
    </footer>
</html>
```

Você deve ter chegado a este resultado:

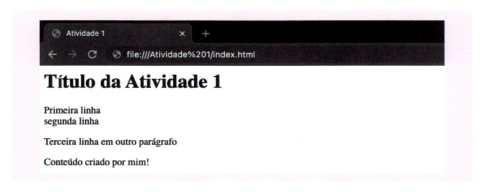

Perceba que o resultado no navegador não mostra o conteúdo da tag <title> no corpo da página, mas no título do navegador. Isso acontece porque tudo que está na tag <head> não é apresentado no corpo da página, mas na aba do navegador, ou interfere em outros aspectos da exibição do corpo.

É possível comparar o <head> com o que temos dentro de nossa cabeça, mas não fica exposto, e o <body> com nosso corpo, que fica exposto e pode ser visto por todos.

Ainda falta explicar uma tag especial no HTML, chamada <doctype>, que informa ao navegador qual é nosso tipo de documento (*doc* = documento, *type* = tipo). Nesta atividade, usamos o doctype do HTML5, mas é possível encontrar em outras páginas (agora você sabe inspecionar e "debugar" todas) diferentes tipos de doctype, como o Strict para HTML4.

```
<!DOCTYPE HTML PUBLIC "-//W3C//DTD HTML 4.01//EN" "http://www.w3.org/TR/html4/strict.dtd">
```

Olá, mundão!

Em geral, em qualquer curso de HTML, começamos aprendendo o famoso "Hello World!", ou "Olá, mundo!". Porém, como este livro tem como objetivo ensinar HTML de uma forma distinta, passando por todos os elementos básicos dessa linguagem, de modo que você a aprenda e entenda, nosso "Olá, mundo!" será diferente.

Para começar, usaremos o modelo que você já digitou, o qual repassaremos.

Na linha 1, temos um elemento importante, o DOCTYPE, que define a versão do HTML que você está programando e informa o navegador.

Na linha 2, abrimos a tag <html>, e é entre ela e o fechamento, na linha 14, que escrevemos o HTML propriamente dito.

Entre as linhas 3 e 5, temos a abertura da tag <head>, que é o cabeçalho da página e serve para comunicar algumas instruções ao navegador, como o título da página na linha 4, e outras que veremos mais adiante, como a folha de estilos (ou CSS), que formata o conteúdo.

Nas linhas 6 a 13, temos duas tags estruturais: o <body>, que contempla praticamente todas as tags que geram conteúdos visuais para o navegador, como texto, imagens, etc., e o <footer>, que, neste momento, pode não fazer tanta diferença, mas no capítulo 4, sobre acessibilidade, veremos que, na realidade, faz.

Tanto no <body> como no <footer> são usadas as tags de parágrafo <p>; no <body>, colocamos a tag <h1>, que representa o primeiro parágrafo, ou o mais importante.

Sugiro que você refaça a atividade 1 sem olhar o código, apenas baseando-se nessa explicação, para que comece a ganhar prática com as tags e a estrutura do código.

Por falar em estrutura, perceba que o código está bastante legível. Isso ocorre por causa da indentação, que nada mais é que uma forma de escrever revelando a hierarquia de cada elemento. Dessa forma, é fácil ver que o <body> está dentro da tag <html>, mas não da tag <footer>, e que na tag <footer> há uma tag <p>.

Veja como ficaria o código sem a indentação:

Perceba como fica difícil entender quando uma tag é aberta, e quando e onde é fechada. Por isso, é importante indentar todo o código.

Atividade 2 – Tudo organizado, por favor

Manter o código organizado é muito importante para que não só o navegador saiba o que você quer apresentar, mas também para que sistemas como o Google e o Bing consigam ler sua página com robôs, tornando-a mais facilmente pesquisável que outras que não obedecem à organização que chamamos de semântica.

Nesta atividade, organizamos tudo para criar uma página de jornal com uma notícia a ser apresentada e uma lista de conteúdos secundários, aos quais o usuário terá acesso mais tarde.

<main>, <section> e <aside>

As tags <main>, <section> e <aside> ajudam a manter essa organização e auxiliam os robôs a identificarem corretamente, em sua página, o que é importante ou secundário e como o conteúdo se divide.

Da mesma forma, manter a semântica do seu código usando as tags de maneira adequada facilita a organização do CSS, como veremos adiante.

Começaremos escolhendo um artigo de um site qualquer, a fim de organizá-lo com as novas tags. Utilizaremos o texto disponível em: https://escola.britannica.com.br/artigo/tecnologia-e-inven%C3%A7%C3%A3o/482644.

Podemos notar que a página em questão tem um bloco principal de navegação no topo e um bloco central de informação dividido em assuntos. Na lateral, há um menu, também navegável.

Agora que entendemos o conteúdo que criaremos, vamos montar o código. Para isso, usando o Chrome e as ferramentas, como na atividade 1, crie uma pasta chamada *Atividade 2* e, dentro dela, o arquivo *index.html* com o seguinte código básico:

A ideia é criar a estrutura mostrada a seguir, tendo em mente que a tag <main> indica o bloco principal de informação; a tag <section> indica a divisão dos assuntos do conteúdo; e a tag <aside>, alguma informação secundária.

Neste momento, vamos ignorar as tags necessárias para criar a navegação; faremos isso na atividade 3.

Agora, tente fazer o código para essa organização, lembrando que as tags que usaremos precisam da tag de fechamento, uma vez que não são self-closed, como explicado anteriormente.

Se tudo deu certo, seu HTML ficará assim:

Caso não tenha feito um código como esse, você deve arrumá-lo; agora, organizaremos os cabeçalhos das primeiras seções.

38 – HTML e CSS

Cabeçalhos

No HTML, temos algumas tags que definem o cabeçalho dos conteúdos de forma hierárquica. Iniciam em 1 (o mais importante) e finalizam em 6 (o menos importante). Essas tags vão da h1 até a h6. Aprenderemos adiante que existem tags específicas para cabeçalhos de tabela e outras para blocos; por ora, vamos nos ater aos "hs", como são chamadas as tags de cabeçalho.

Na atividade, é importante que cada seção (section) tenha um cabeçalho de peso 1. Caso encontre alguma seção com subtítulo, você pode usar o h2. Em seus códigos e estudos, lembre-se sempre da ordem hierárquica, que não deve ser quebrada; não se pode saltar de h2 para h5, por exemplo.

Colocando os cabeçalhos, o código deve ficar assim:

```html
<!DOCTYPE html>
<html>
    <head>
        <title>Atividade 2</title>
    </head>
    <body>
        <main>
            <section>
                <h1>Introdução</h1>
            </section>
            <section>
                <h1>Tecnologia na Antiguidade </h1>
            </section>
            <section>
                <h1>A tecnologia na Idade Média </h1>
            </section>
            <section>
                <h1>Revolução Industrial </h1>
                <h2>Ferro, carvão e vapor </h2>
            </section>
            <aside></aside>
        </main>
    </body>
</html>
```

Caso tenha curiosidade, execute o código no navegador e veja como está ficando.

Parágrafos, negritos e itálicos

Agora, para nossa atividade, vamos tratar dos elementos de parágrafo, negrito e itálico.

Essas tags são importantes para manter a semântica e a organização do código, além de destacar palavras ou trechos inteiros de texto nos conteúdos.

Para parágrafo, como vimos, temos a tag <p>, que precisa ser fechada. Para negrito, colocamos a palavra ou o trecho entre a tag <b>, e, para itálico, entre a tag <i>.

Tanto para o negrito como para o itálico há outras tags ainda suportadas, como a tag <strong>, para negrito, e a tag <em>, para itálico.

Não é errado utilizá-las; em algumas situações, levando-se em consideração a acessibilidade, o <strong> é mais indicado que a tag <b>, pois o leitor de tela lê o <strong> com mais nitidez.

Ao adicionar os parágrafos da página de referência, teremos um código similar a este:

```
<!DOCTYPE html>
<html>
    <head>
        <title>Atividade 2</title>
    </head>
    <body>
      <main>
        <section>
            <h1>Introdução</h1>
            <p>A tecnologia é o uso do conhecimento para inventar novos
<i>dispositivos</i> ou <i>ferramentas</i>. Ao longo da história, a tecnologia vem
facilitando a nossa vida</p>
        </section>
        <section>
            <h1>Tecnologia na Antiguidade </h1>
            <p>Ao aprender a dominar o fogo, os seres <b>humanos primitivos</b> se
diferenciaram dos outros animais. Há cerca de 2 milhões de anos, começaram a usar
pedras como armas e ferramentas, dando início ao período conhecido como Idade da
Pedra. Nessa mesma época, também aprenderam a fazer cerâmica usando barro.</p>
        </section>
        <section>
            <h1>A tecnologia na Idade Média</h1>
            <p>O período da história conhecido como <b>Idade Média</b> começou
pouco antes do século VI d.C. e durou até perto do século XVI. Ao longo dessa época,
as inovações surgiram em diferentes regiões – como a China, o Império Bizantino, a
Pérsia, a Índia e os países muçulmanos.</p>
        </section>
        <section>
            <h1>Revolução Industrial </h1>
            <h2>Ferro, carvão e vapor </h2>
            <p>No início do <b>século XVIII</b>, dois inventores ingleses criaram
as condições para o nascimento da Revolução Industrial, um período em que a produção
das manufaturas teve um grande crescimento. Abraham Darby descobriu que o coque, um
tipo de carvão, produzia um ferro de melhor qualidade. Thomas Newcomen inventou uma
bomba para drenar água das minas de carvão que era acionada por um motor a vapor.</p>
        </section>
        <aside></aside>
      </main>
    </body>
</html>
```

O resultado deve ser mais ou menos assim:

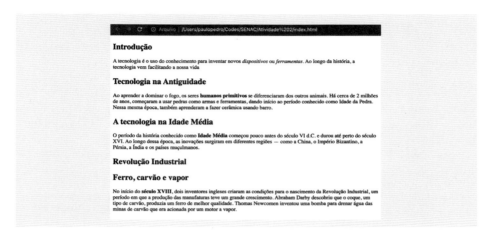

Nesse código que acabamos de fazer, podemos observar que algumas palavras colocadas entre as tags <i> e <b> foram apresentadas no navegador com mais destaque e inclinação, diferenciando, assim, essas palavras das outras.

Se desejar, você pode testar colocando todas as palavras de um parágrafo entre as tags <b> ou <i> e verificar o que acontece.

Também é possível ver que a tag <h2> não é tão diferente em tamanho ou destaque da <h1>. Teste adicionando mais "hs" em <aside> e veja a diferença entre cada título que você acrescentar.

O resultado deve ser semelhante a este:

Você notará que, diferentemente da figura com <aside> e mesmo com o modelo que usamos, o <aside> não se transformou em uma coluna lateral do site. Talvez você se pergunte o que fez errado no código. Respondo: nada.

O <aside> apenas mostra ao navegador e aos robôs que a informação é menos importante que as demais.

Veremos adiante como essa tag pode ser apresentada lateralmente, na seção de CSS.

Como fiz no capítulo anterior e farei nos próximos, recomendo que você faça novos testes. Utilize outras páginas para entender o modelo e tente criar o HTML estruturado delas.

ATIVIDADE 3 – NAVEGAR É PRECISO, CONECTAR É UMA MISSÃO

Na atividade anterior, criamos uma página com muitas informações. Agora montaremos uma parte de navegação por essa página.

O HTML tem algumas formas de navegação e meios de indicar ao navegador que determinado conteúdo se refere à navegação, não ao conteúdo principal da página. Uma delas é a tag <nav>.

Antes de entrar nesse tópico, preciso explicar brevemente algo que usaremos muito nesta atividade: as listas.

Listas

Muitas vezes, precisamos enumerar itens, seja em uma lista de supermercado, cujos itens vamos ticando à medida que os adicionamos ao carrinho de compras, seja quando priorizamos as atividades cotidianas, como acordar, escovar os dentes, tomar o café da manhã, etc.

No HTML, temos duas formas de criar listas: por meio das tags <ol> e <ul>. Não importa qual delas você opte por utilizar; os elementos da listagem são definidos pela tag <li>.

A tag <ol> vem de *ordered list*, ou lista ordenada, útil em situações nas quais é necessário ordenar ou priorizar itens de uma lista.

A tag <ul> vem de *unordered list*, ou lista não ordenada, e normalmente serve para listar itens que não têm prioridade certa, como os ingredientes de uma receita.

Por fim, a tag <il> vem de *item list*. O primeiro passo de nossa atividade é criar um arquivo, mas esse ainda não será nosso index, e sim um arquivo chamado *listas.html*. Para isso, repita os passos já aprendidos, criando uma pasta chamada *Atividade 3* e adicionando-a à aba *Sources* (*Fontes*), nas ferramentas do Chrome.

42 – HTML e CSS

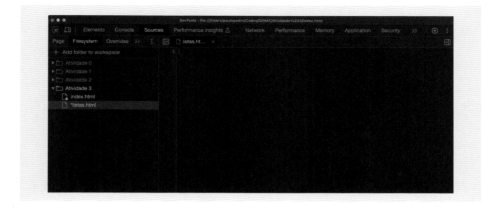

Agora, adicione aquele HTML básico que inicia qualquer atividade.

```
<!DOCTYPE html>
<html>
    <head>
        <title>Atividade 3</title>
    </head>
    <body>

    </body>
</html>
```

O próximo passo é adicionar uma lista ordenada com a tag <ol> e, dentro dela, duas tags <li>, com os textos "Item 1" e "Item 2", respectivamente.

```
<!DOCTYPE html>
<html>
    <head>
        <title>Atividade 3</title>
    </head>
    <body>
        <ol>
            <li>Item 1</li>
            <li>Item 2</li>
        </ol>
    </body>
</html>
```

Agora, abra o arquivo no navegador. O resultado deve ser este:

Ainda sobre as listas ordenadas, usaremos nosso primeiro atributo para uma tag.

Atributos são características, ou modificadores, que atribuímos a uma tag para que ela tenha comportamento diferente do padrão. Neste caso, usaremos o atributo *type*, pois queremos apresentar, em vez de uma lista numerada (como *1.* e *2.*), uma lista ordenada por letras minúsculas (*a.* e *b.*).

Para aplicar um atributo, digite-o com um espaço na tag de abertura e antes de fechá--la, colocando o valor desejado com um sinal de igual (=) e entre aspas duplas ("); neste caso, tente assim: *<ol type="a">*.

Assim, indico ao navegador que quero que a lista ordenada a seguir seja organizada com uma sequência de letras minúsculas, não números.

O código deve ficar assim:

```
<!DOCTYPE html>
<html>
    <head>
        <title>Atividade 3</title>
    </head>
    <body>
        <ol type="a">
            <li>Item 1</li>
            <li>Item 2</li>
        </ol>
    </body>
</html>
```

O resultado no navegador deve ficar assim:

a. Item 1
b. Item 2

Repassando: algumas tags têm atributos que podemos utilizar para alterar um comportamento.

A tag <ol> representa uma lista ordenada, e a tag <li>, um item dessa lista.

Agora, vamos testar os outros tipos suportados para listas ordenadas.

Digite o seguinte código:

```html
<!DOCTYPE html>
<html>
    <head>
        <title>Atividade 3</title>
    </head>
    <body>
        <ol type="a">
            <li>Item 1</li>
            <li>Item 2</li>
        </ol>
        <ol type="A">
            <li>Item 1</li>
            <li>Item 2</li>
        </ol>
        <ol type="i">
            <li>Item 1</li>
            <li>Item 2</li>
        </ol>
        <ol type="I">
            <li>Item 1</li>
            <li>Item 2</li>
        </ol>
    </body>
</html>
```

Veja que o tipo "a" cria uma lista ordenada com uma sequência de letras minúsculas; por sua vez, o tipo "A" cria uma lista ordenada com uma sequência de letras maiúsculas.

Ainda temos os números romanos, com "i" representando os algarismos minúsculos, e "I", os maiúsculos.

Mas e se minha lista precisar começar em 10 ou qualquer outro número que não o 1? Ou começar pela letra *b*, e não pela *a*? Para isso, temos outro atributo, o *start*.

Com o *start*, você determina onde iniciará a contagem de sua lista.

Altere a primeira lista de nosso código e coloque como atributo *start="5"*. Não se esqueça de que o atributo deve ser escrito dentro da tag de abertura e antes do fechamento dela, como no código a seguir:

```html
<!DOCTYPE html>
<html>
    <head>
        <title>Atividade 3</title>
    </head>
    <body>
        <ol type="a" start="5">
            <li>Item 1</li>
            <li>Item 2</li>
        </ol>
        <ol type="A">
            <li>Item 1</li>
            <li>Item 2</li>
        </ol>
        <ol type="i">
            <li>Item 1</li>
            <li>Item 2</li>
        </ol>
        <ol type="I">
            <li>Item 1</li>
            <li>Item 2</li>
        </ol>
    </body>
</html>
```

Se tudo deu certo, seu código, além de bonitão, como mostrado, deve ter ficado assim quando visto no navegador:

Observe que a primeira lista começou na letra *e*, e não mais na *a*.

É importante que você tenha conseguido chegar a esse ponto e compreendido que os atributos são fundamentais para o que veremos a seguir. As próximas tags que aprenderemos têm inúmeros atributos, sem os quais elas não funcionam. Se você ainda não compreendeu bem o processo, refaça essa atividade de listas e a modifique, observando sempre o comportamento e o resultado no navegador.

Agora, vamos às listas não ordenadas, ou <ul>.

Digite o código a seguir e veja o resultado no navegador.

```
<!DOCTYPE html>
<html>
    <head>
        <title>Atividade 3</title>
    </head>
    <body>
        <ul>
            <li>Pizza</li>
            <li>Café</li>
            <li>Geleia</li>
        </ul>
    </body>
</html>
```

Antes de prosseguir para os links e a navegação, vamos reunir tudo que aprendemos até agora e criar uma receita de bolo completa, com a lista de ingredientes e o modo de preparo.

```
<!DOCTYPE html>
<html>
    <head>
        <title>Atividade 3</title>
    </head>
    <body>
        <h1>Receita<h1>
        <h2>Bolo de fubá</h2>
        <h3>Ingredientes</h3>
        <ul>
            <li>3 ovos inteiros</li>
            <li>2 xícaras (chá) de açúcar</li>
            <li>2 xícaras (chá) de fubá</li>
            <li>3 colheres (sopa) de farinha de trigo</li>
            <li>1/2 copo (americano) de óleo</li>
            <li>1 copo (americano) de leite</li>
            <li>1 colher (sopa) de fermento em pó</li>
        </ul>
        <h3>Modo de preparo</h3>
        <ol>
            <li>Em um liquidificador, adicione os ovos, o açúcar, o fubá, a farinha de trigo, o óleo, o leite e o fermento, depois bata até a massa ficar lisa e homogênea.</li>
            <li>Despeje a massa em uma forma untada e polvilhada.</li>
            <li>Leve para assar em forno médio (180 °C) preaquecido por 40 minutos.</li>
        </ol>
    </body>
</html>
```

Se tudo der certo, o navegador mostrará uma tela como a seguinte:

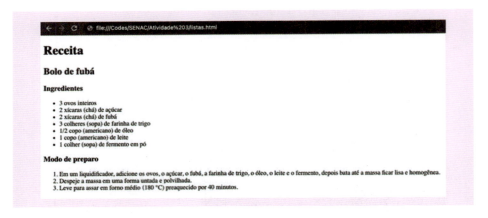

<nav>, âncoras e <href>

Bem, agora que falamos de listas, entraremos no tópico mais importante dos últimos anos (ou seriam décadas?). Vamos falar dos links.

Imagino que você já deve ter usado o Google ou qualquer outro sistema de busca de conteúdos. Antes do Google, havia outros buscadores que se valiam de um mecanismo bem complexo de cadastro e pesquisa que carregava as informações em bancos de dados, que necessitavam de constante atualização e quase sempre tinham links quebrados ou resultados que não levavam a lugar nenhum ou, pior, sem relevância para o que você procurava.

Foram o Google e os links que mudaram tudo isso. Como? Bem, os primeiros algoritmos de pesquisa do Google se valem de algo hoje trivial: pesquisa de links e quantidade de resultados.

Os robôs do Google acessam cada página que encontram em outras por meio dos links existentes nela. Ao ler o código dessa nova página, procuram novos links e, assim, de forma infinita, acessam site após site, página após página, lendo os conteúdos e procurando novos links.

Como os robôs leem o conteúdo em busca de palavras no texto, acabam entendendo o que a página fala, e, se muitas outras páginas tiverem links para ela, quando alguém pesquisar por seu conteúdo, o Google vai apresentá-lo em destaque e antes de qualquer outro.

Hoje, esse algoritmo evoluiu bastante e muda de tempos em tempos, acrescentando novos parâmetros para ordenar os resultados, mas ainda se vale muito da relevância (quantas pessoas apontam links para um conteúdo ou quantas clicaram nele e o leram) e da semântica (quão estruturado está o conteúdo para que o robô o leia e o entenda).

Agora, vamos aprender o que são links e onde colocar os links principais de sua página para que o Google ou outros buscadores compreendam o conteúdo.

Vamos começar pela tag <nav>, não sem antes criar nosso *index.html* e, nele, o HTML básico que criamos na atividade anterior; mas agora retiraremos as tags <h1>, <h2>, etc. que colocamos na tag <aside> e modificaremos a tag <title> para *Atividade 3*. Veja, a seguir, como deve ficar a estrutura de arquivos e o código que você deve digitar.

```html
<!DOCTYPE html>
<html>
    <head>
        <title>Atividade 3</title>
    </head>
    <body>
        <main>
            <section>
                <h1>Introdução</h1>
                <p>A tecnologia é o uso do conhecimento para inventar novos
<i>dispositivos</i> ou <i>ferramentas</i>. Ao longo da história, a tecnologia vem
facilitando a nossa vida</p>
            </section>
            <section>
                <h1>Tecnologia na Antiguidade </h1>
                <p>Ao aprender a dominar o fogo, os seres <b>humanos primitivos</b> se
diferenciaram dos outros animais. Há cerca de 2 milhões de anos, começaram a usar pedras
como armas e ferramentas, dando início ao período conhecido como Idade da Pedra. Nessa
mesma época, também aprenderam a fazer cerâmica usando barro.</p>
            </section>
            <section>
                <h1>A tecnologia na Idade Média</h1>
                <p>O período da história conhecido como <b>Idade Média</b> começou pouco
antes do século VI d.C. e durou até perto do século XVI. Ao longo dessa época, as
inovações surgiram em diferentes regiões – como a China, o Império Bizantino, a Pérsia,
a Índia e os países muçulmanos.</p>
            </section>
            <section>
                <h1>Revolução Industrial </h1>
                <h2>Ferro, carvão e vapor </h2>
                <p>No início do <b>século XVIII</b>, dois inventores ingleses criaram as
condições para o nascimento da Revolução Industrial, um período em que a produção das
manufaturas teve um grande crescimento. Abraham Darby descobriu que o coque, um tipo de
carvão, produzia um ferro de melhor qualidade. Thomas Newcomen inventou uma bomba para
drenar água das minas de carvão que era acionada por um motor a vapor.</p>
            </section>
            <aside>
            </aside>
        </main>
    </body>
</html>
```

A partir de agora, para não ficar muito extenso, colocarei somente os trechos de código que forem modificados.

Vamos começar adicionando à tag <aside> a tag <nav> e, dentro dela, uma lista não ordenada, com os textos escritos nas tags <h1> que estão no corpo da tag <main>.

Como ficará a tag <aside>? Vejamos.

```
<aside>
    <nav>
        <ul>
            <li><a>Introdução</a></li>
            <li>Tecnologia na Antiguidade</li>
            <li>A tecnologia na Idade Média</li>
            <li>Revolução Industrial</li>
        </ul>
    </nav>
</aside>
```

Bem, agora temos nossa estrutura de navegação, mas ela acabou ficando abaixo do conteúdo. Vamos levá-la para antes dele.

Copie a tag <aside> e todo o conteúdo para antes da tag <main>. Para isso, você pode usar os comandos *Copiar* e *Colar* ou, no teclado, a combinação *Ctrl + C* (segure a tecla *Ctrl* e aperte a tecla *C*) para copiar e, depois, ao colocar o cursor antes da tag <main>, a combinação *Ctrl + V* (segure a tecla *Ctrl* e aperte a tecla *V*).

Se tudo deu certo, o código ficou assim:

No navegador, você verá este resultado:

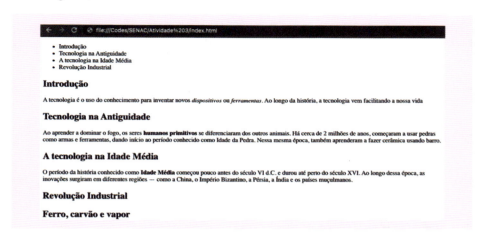

Agora, vamos aos links! Primeiro, usaremos a tag <a>, que vem de *anchor*, ou âncora, e a utilizaremos na forma de uma âncora mesmo, que vai nos levar ao item do conteúdo que desejamos.

A tag <a> torna clicável todo o conteúdo dentro dela. Então, se eu colocar dentro dela uma tag <p>, posso clicar em todo o parágrafo.

No primeiro item da lista que criamos na tag <nav>, coloque o conteúdo dentro de uma tag <a> e veja o que acontece.

```
<aside>
    <nav>
        <ul>
            <li><a>Introdução</a></li>
            <li>Tecnologia na Antiguidade</li>
            <li>A tecnologia na Idade Média</li>
            <li>Revolução Industrial</li>
        </ul>
    </nav>
</aside>
```

Você poderá achar estranho, mas nada aconteceu no navegador. Isso ocorreu porque não atribuímos nenhum endereço à tag <a>, mas faremos isso agora. Vamos criar um link usando o atributo *href* com o valor "*#introducao*".

```
<aside>
    <nav>
        <ul>
            <li><a href="#introducao">Introdução</a></li>
            <li>Tecnologia na Antiguidade</li>
            <li>A tecnologia na Idade Média</li>
            <li>Revolução Industrial</li>
        </ul>
    </nav>
</aside>
```

Agora sim! Seu texto deve ter ficado azul, como todos os links de internet que costumamos ver.

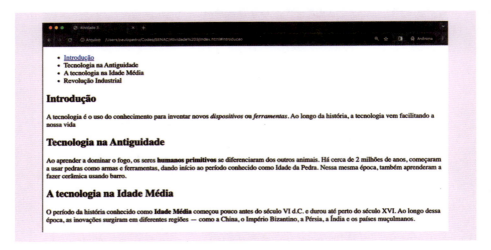

Porém, quando você clicar, nada deve acontecer. Repare que na barra de endereço do navegador surgiu algo no final, após o *index.html*: o *#introducao*.

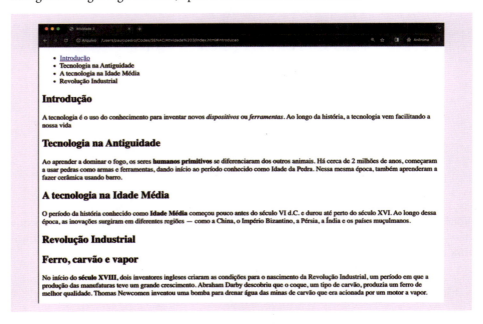

O atributo *href*, por meio desse endereço iniciado em # (hashtag), informa ao navegador que deve ser procurado um elemento que se chame (ou seja, com atributo *name*) por meio da palavra que vem depois de # – no caso, um elemento com o nome *introducao* (assim mesmo, sem o til e a cedilha, pois os navegadores não costumam se dar bem com esses sinais).

Vamos chamar a tag <h1>, que tem a introdução, de #introducao. Para isso, usaremos a tag <a> com o atributo *name*.

```html
<html>
...
    <aside>
        <nav>
            <ul>
                <li><a href="#introducao">Introdução</a></li>
                <li>Tecnologia na Antiguidade</li>
                <li>A tecnologia na Idade Média</li>
                <li>Revolução Industrial</li>
            </ul>
        </nav>
    </aside>
    <main>
        <section>
            <h1><a name="introducao">Introdução</a></h1>
            <p>A tecnologia é o uso do conhecimento para inventar novos <i>dispositivos</i> ou <i>ferramentas</i>. Ao longo da história, a tecnologia vem facilitando a nossa vida</p>
        </section>
...
</html>
```

Perceba que nada acontece ao clicar no link, pois a tela deve ser bem maior que o conteúdo que criamos, e com certeza não há barra de rolagem no conteúdo. Para ver o teste funcionar, reduza a tela para que o conteúdo fique maior e aconteça a rolagem.

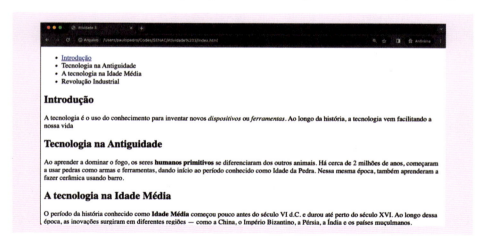

Dessa forma, clique no link que criamos e veja que o conteúdo vai rolar para onde está o elemento que nomeamos.

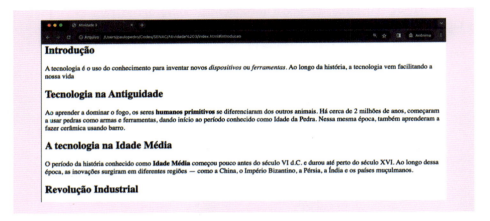

Agora, vamos aplicar os links e as âncoras (elementos com nome) nos demais itens da lista e os outros cabeçalhos que temos no conteúdo.

O menu de navegação deve mostrar o seguinte código:

```html
<nav>
    <ul>
        <li><a href="#introducao">Introdução</a></li>
        <li><a href="#antiguidade">Tecnologia na Antiguidade</a></li>
        <li><a href="#idademedia">A tecnologia na Idade Média</a></li>
        <li><a href="#industrial">Revolução Industrial</a></li>
    </ul>
</nav>
```

O conteúdo deverá ficar assim:

```html
<section>
    <h1><a name="introducao">Introdução</a></h1>
    <p>A tecnologia é o uso do conhecimento para inventar novos <i>dispositivos</i> ou <i>ferramentas</i>. Ao longo da história, a tecnologia vem facilitando a nossa vida</p>
</section>
<section>
    <h1><a name="antiguidade">Tecnologia na Antiguidade</a></h1>
    <p>Ao aprender a dominar o fogo, os seres <b>humanos primitivos</b> se diferenciaram dos outros animais. Há cerca de 2 milhões de anos, começaram a usar pedras como armas e ferramentas, dando início ao período conhecido como Idade da Pedra. Nessa mesma época, também aprenderam a fazer cerâmica usando barro.</p>
</section>
<section>
    <h1><a name="idademedia">A te cnologia na Idade Média</a></h1>
    <p>O período da história conhecido como <b>Idade Média</b> começou pouco antes do século VI d.C. e durou até perto do século XVI. Ao longo dessa época, as inovações surgiram em diferentes regiões – como a China, o Império Bizantino, a Pérsia, a Índia e os países muçulmanos.</p>
```

```
        </section>
        <section>
            <h1><a name="industrial">Revolução Industrial</a></h1>
            <h2>Ferro, carvão e vapor </h2>
            <p>No início do <b>século XVIII</b>, dois inventores ingleses criaram
as condições para o nascimento da Revolução Industrial, um período em que a produção
das manufaturas teve um grande crescimento. Abraham Darby descobriu que o coque, um
tipo de carvão, produzia um ferro de melhor qualidade. Thomas Newcomen inventou uma
bomba para drenar água das minas de carvão que era acionada por um motor a vapor.</p>
        </section>
```

Não se preocupe caso tenha optado por outros # para cada link ou nome. O importante é que cada link tenha a respectiva âncora; dessa forma, você conseguirá navegar entre cada item do menu e da página.

Para terminar esta atividade, vamos conectar essa página, a *index.html*, à nossa página da receita de bolo?

Sei que os conteúdos não se relacionam; afinal, qual relação haveria entre tecnologias e receitas? Não faço ideia, mas sei que isso aumentaria a relevância da receita de bolo! Vamos lá!

Crie em nossa lista *menu* um novo item, *Receita de Bolo de Fubá*; nele, crie uma tag <a> com o seguinte valor no *href*, *listas.html*, que é o nome do arquivo de nossa receita.

O código e a tela devem ficar assim:

```
<aside>
    <nav>
        <ul>
            <li><a href="#introducao">Introdução</a></li>
            <li><a href="#antiguidade">Tecnologia na Antiguidade</a></li>
            <li><a href="#idademedia">A tecnologia na Idade Média</a></li>
            <li><a href="#industrial">Revolução Industrial</a></li>
            <li><a href="listas.html">Receita de Bolo de Fubá</a></li>
        </ul>
    </nav>
</aside>
```

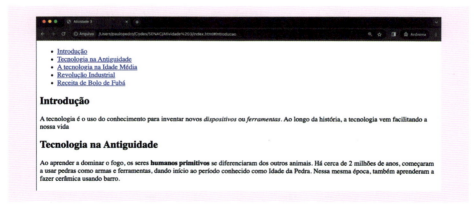

Agora é clicar na receita e fazer o bolo!

Para aprimorar seu conhecimento, tente chegar ao resultado apresentado na tela seguinte. Foi criada uma lista dentro de outra, além de âncoras em nossa receita, para levar o usuário diretamente aos ingredientes ou ao modo de preparo.

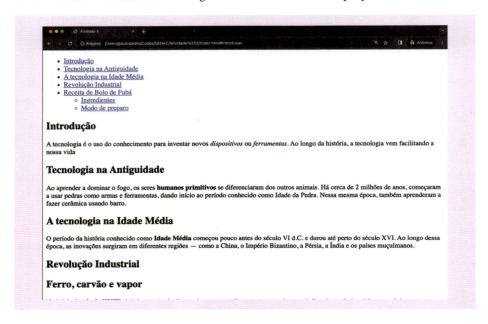

Conseguiu? Se não, veja a seguir os pontos alterados em *index.html* e *listas.html*, respectivamente.

```html
<aside>
    <nav>
        <ul>
            <li><a href="#introducao">Introdução</a></li>
            <li><a href="#antiguidade">Tecnologia na Antiguidade</a></li>
            <li><a href="#idademedia">A tecnologia na Idade Média</a></li>
            <li><a href="#industrial">Revolução Industrial</a></li>
            <li><a href="listas.html">Receita de Bolo de Fubá</a>
                <ul>
                    <li><a href="listas.html#ingredientes">Ingredientes</a></li>
                    <li><a href="listas.html#mododepreparo">Modo de preparo</a></li>
                </ul>
            </li>
        </ul>
    </nav>
</aside>
```

```html
<h3><a name="ingredientes">Ingredientes</a></h3>
<ul>
    <li>3 ovos inteiros</li>
    <li>2 xícaras (chá) de açúcar</li>
    <li>2 xícaras (chá) de fubá</li>
    <li>3 colheres (sopa) de farinha de trigo</li>
    <li>1/2 copo (americano) de óleo</li>
    <li>1 copo (americano) de leite</li>
    <li>1 colher (sopa) de fermento em pó</li>
</ul>
<h3><a name="mododepreparo">Modo de preparo</a></h3>
```

ATIVIDADE 4 – LUZ, CÂMERA, AÇÃO!

Até este momento, vimos vários elementos que apresentam conteúdo ao usuário e o fazem de forma organizada, indicando ao navegador o que estamos montando, bem como a ordem ou relevância. Agora, vamos dar ao conteúdo um pouco de visual, movimento e ação, adicionando imagens, áudios e vídeos.

No início do século XXI, era difícil e trabalhoso transmitir imagens complexas e de boa qualidade. Áudio e vídeo eram elementos pesados que, nas conexões discadas dos idos de 2000, não eram "nativos" dos navegadores. Para assistir a um trailer de um filme, era normal levar, mais ou menos, 30 minutos até que fossem carregados os primeiros 30 segundos do vídeo. Uma música demorava não menos que 1 hora para ser baixada, sem contar o programa necessário para ouvi-la.

Era comum que fosse instalado um plugin, programa que funciona em um navegador para poder rodar um vídeo ou jogo. Com o tempo, os navegadores tornaram-se mais modernos, e, com a chegada do HTML5, uma revolução se iniciou. Pouco tempo depois, surgiu o termo *internet 2.0*, e as aplicações ricas que rodavam na web ficaram mais rápidas; ao mesmo tempo, essas aplicações também ficaram mais rápidas na internet disponível para uso pessoal. Quando links de 2 ou 5 megabites já eram comuns na internet doméstica, vieram os smartphones, que revolucionaram não só a maneira como interagimos com a internet, mas também a forma como a internet era escrita. O HTML5 foi implementado mais rapidamente, e hoje, com poucas tags e sem a necessidade de plugins, conseguimos rodar áudios, vídeos e imagens adaptativas com poucos códigos.

Agora que você entendeu como as tags funcionam e como seus atributos são importantes, vamos aplicar esse conhecimento!

Imagens

Antes de aprendermos como inserir uma imagem em nossa página, vamos criar uma pasta chamada *Atividade 4* e, dentro dela, um arquivo chamado *imagem.html*, que deve conter nosso HTML básico com o título *Atividade 4 – Imagens*, como mostrado a seguir:

```
<!DOCTYPE html>
<html>
    <head>
        <title>Atividade 4 - Imagens</title>
    </head>
    <body>

    </body>
</html>
```

Adicione essa pasta aos recursos do navegador nas ferramentas de desenvolvedor, como fizemos nas atividades anteriores.

Agora, é importante que você baixe os arquivos de atividade na página do Senac seguindo as instruções na apresentação deste livro.

Com o botão direito do mouse, descompacte o arquivo zip e use a opção *extrair* ou *descomprimir* para que os arquivos sejam descompactados, gerando uma pasta dentro da qual estão todos os arquivos para esta e outras atividades.

Nos arquivos baixados, procure a pasta *Atividade 4* e, dentro dela, a pasta *recursos*. Você pode copiar todo o conteúdo dela para a mesma pasta *Atividade 4* que você criou. Se tudo deu certo, sua pasta estará assim:

Para inserir uma imagem em uma página, começaremos tratando da tag <img>, que tem dois atributos importantes: o *src*, que define o arquivo de imagem, e o *alt*, que define um texto descritivo para essa imagem. Vamos adicionar ao nosso HTML a imagem *pizza_sm.jpg*, que está na pasta de recursos.

```
<!DOCTYPE html>
<html>
    <head>
        <title>Atividade 4 - Imagens</title>
    </head>
    <body>

        <img src="recursos/pizza_sm.jpg" alt="Imagem de uma pizza" />

    </body>
</html>
```

Repare que a tag é self-closed, o que, como vimos, significa que ela não precisa de uma tag de fechamento. Rode essa página no navegador, e o resultado deverá ser uma bela imagem de pizza!

Como vimos na introdução desta atividade, com o passar do tempo, é comum que surjam vários dispositivos novos e conexões diferentes, de modo que essa imagem, que na sua tela está grande, pode aparecer reduzida na tela de outros computadores ou celulares. Vamos, então, adicionar as outras imagens de pizza ao nosso código e ver o resultado.

```html
<!DOCTYPE html>
<html>
    <head>
        <title>Atividade 4 - Imagens</title>
    </head>
    <body>

    <img src="recursos/pizza_sm.jpg" alt="Imagem de uma pizza" />

    <img src="recursos/pizza_md.jpg" alt="Imagem de uma pizza" />

    <img src="recursos/pizza_lg.jpg" alt="Imagem de uma pizza" />

    </body>
</html>
```

O resultado pode ser semelhante ao da imagem a seguir, com uma imagem maior e outra enorme. Mas por que isso acontece? Porque aparece em algum computador com tela maior, com 4K de resolução (pode ser que, neste momento, as imagens sejam de 8K ou 16K, mas, por ora, 4K é muito grande).

O termo "resolução" refere-se à quantidade de pixels que uma tela tem em cada polegada. No início dos anos 2000, era comum encontrar telas com resolução de 1024 × 768, ou seja, 1024 pixels na horizontal por 768 na vertical. Com o FullHD, chegamos a 1920 × 1080, e, com o 4K, chegamos a 3840 × 2160 pixels de resolução.

Entretanto, não é interessante apresentar as três imagens sempre que queremos atender os nossos usuários. Imagine um site de venda de roupas que apresenta três vezes a mesma imagem de cada peça de vestuário. Ficaria muito pesado.

Você pode verificar o peso dos arquivos no gerenciador de arquivos ou na aba *Network* (*Rede*) das ferramentas. Nesta aba, é possível observar que a imagem menor, *pizza_sm.jpg*, tem 79 KB, enquanto a imagem maior, *pizza_lg.jpg*, tem 156 KB.

Pode-se verificar também, na aba *Network* (*Rede*), o tempo que cada imagem demorou para ser carregada, o que mostra que, além de mais pesada, a imagem maior também leva mais tempo para carregar.

Você pode pensar que, por ser mais pesada e levar mais tempo para carregar, a imagem maior é "pior". Para que ela serve, então? Serve para aumentar a qualidade e melhorar a experiência do usuário.

Imagine navegar em um site com seu celular de última geração, todo moderno, mas com qualidade de imagens ruim, com tudo pixelado e sem muitos detalhes. É por esse motivo que usamos as imagens com diferentes resoluções. Para que o navegador não carregue todas elas, vamos usar um atributo novo do HTML5 para essa situação, o *srcset*.

```html
<!DOCTYPE html>
<html>
    <head>
        <title>Atividade 4 - Imagens</title>
    </head>
    <body>

    <img src="recursos/pizza_sm.jpg" alt="Imagem de uma pizza"
        srcset="recursos/pizza_sm.jpg 680w,
                recursos/pizza_md.jpg 1280w,
                recursos/pizza_lg.jpg 1920w" />

    </body>
</html>
```

O *srcset* tem a seguinte estrutura: caminho da imagem + espaço + largura para essa imagem + *w*.

Observe que a largura da imagem vem seguida da letra *w* (de *width*, ou largura). Essa informação é importante para que o navegador saiba qual imagem usar em cada resolução de tela.

Em nosso código, colocamos que *pizza_sm.jpg* tem 680 pixels de largura, *pizza_md.jpg* tem 1280 pixels, e *pizza_lg.jpg*, 1920 pixels. Assim, cada imagem deverá ser usada em uma resolução.

O resultado do código deverá ser mais ou menos assim:

Apenas uma imagem foi carregada. Como saber qual delas? Vamos conferir na aba *Network* (*Rede*). Em meu computador, aparece assim:

Ou seja, pela resolução da minha tela, a imagem *pizza_md.jpg* foi a escolhida para atender à resolução. E se eu reduzir o tamanho da tela do navegador, sem recarregar minha página? Vamos ver:

Nesse caso, aumentei o tamanho do meu navegador, o qual, automaticamente, carrega a imagem *pizza_lg.jpg*, proporcionando maior qualidade, mas sem mostrar na tela duas imagens. Sendo assim, se eu reduzir esse tamanho do navegador, então a menor imagem será carregada, certo? Vejamos:

Talvez você ache estranho, pois o navegador não carregou *pizza_sm.jpg*, mas manteve as imagens que estavam carregadas.

Isso aconteceu porque ele é inteligente e sabe que, no caso inverso – ou seja, quando é preciso apresentar uma imagem com uma resolução menor que a que já foi carregada –, basta redimensionar, não sendo preciso carregar uma menor, uma vez que os pixels não serão expandidos, mas comprimidos na tela, o que dá a impressão de boa qualidade mesmo para uma resolução menor, sem precisar gastar a internet do usuário.

Agora, se recarregar a página sem alterar o tamanho da tela, você verá que a imagem carregada inicialmente é *pizza_sm.jpg*, e não *pizza_md.jpg*.

Ao expandir, as demais imagens são carregadas à medida que a resolução passa a ser maior que a qualidade da imagem presente.

Bacana, não? Esse é o conceito de responsividade, que estudaremos muito na atividade de media-query no capítulo de CSS.

Agora, conheceremos outra forma de inserir imagens no HTML, em especial aquelas com legendas. Para isso, vamos usar as tags <figure> e <figcaption>.

Essas tags vêm de uma grande discussão entre os criadores do HTML para definir como as imagens seriam utilizadas. Por fim, os dois usos são aceitos, mas, para deixar o código semântico, podemos utilizar em algumas situações <figure> com ou sem <figcaption> (que representa a legenda da imagem).

```
<figure>
  <img src="imagem.jpg" alt="Minha Figura">
  <figcaption>Informações da Figura</figcaption>
</figure>
```

Nesse exemplo, a imagem tem uma legenda. Repare que dentro da tag <figure> foi usada, para carregar a imagem, a tag <img>, da mesma forma como fizemos antes.

Adicione as tags <figure> e <figcaption> ao nosso código e veja o que acontece. Talvez algo assim?

Poxa, a legenda ficou bem pequena. Que tal se, mesmo quando a imagem tiver resolução maior, ela não aumentar de tamanho? Vamos usar o atributo *height* (altura, em português) e definir a altura em 500 pixels.

```
<!DOCTYPE html>
<html>
    <head>
        <title>Atividade 4 - Imagens</title>
    </head>
    <body>

    <figure>
        <img src="recursos/pizza_sm.jpg" alt="Imagem de uma pizza"
            srcset="recursos/pizza_sm.jpg 680w,
                    recursos/pizza_md.jpg 1280w,
                    recursos/pizza_lg.jpg 1920w"
            height="500"/>

        <figcaption>Deliciosa pizza de tomates com manjericão.</figcaption>
    </figure>

    </body>
</html>
```

Deliciosa pizza de tomates com manjericão.

Observe que, diferentemente de quando foi definida a largura das imagens do atributo *srcset*, para a altura não foi preciso definir a unidade pixels ou um *height*. Isso acontece porque esse atributo vem desde a primeira versão do HTML, quando essas medidas não eram explícitas; já o *srcset* é recente, e alguns novos elementos foram acrescentados. Também é possível definir a largura com o atributo *width*.

```html
<!DOCTYPE html>
<html>
    <head>
        <title>Atividade 4 - Imagens</title>
    </head>
    <body>

    <figure>
        <img src="recursos/pizza_sm.jpg" alt="Imagem de uma pizza"
            srcset="recursos/pizza_sm.jpg 680w,
                    recursos/pizza_md.jpg 1280w,
                    recursos/pizza_lg.jpg 1920w"
            height="500"
            width="700"/>

        <figcaption>Deliciosa pizza de tomates com manjericão.</figcaption>
    </figure>

    </body>
</html>
```

Áudios

Vamos colocar som nessa página; para isso, vamos apresentar e usar a tag <audio>. No início dos anos 2000, era necessário criar um programa em Flash e adicionar nele os áudios por meio de um plugin no navegador. O trabalho era relativamente grande, uma vez que era necessário conhecer não só o HTML, mas também o Flash, para fazer a página funcionar.

A tag <audio> tem estrutura similar a <figure>, mas quem define o arquivo é a tag <source>. Crie um arquivo chamado *audio.html* e adicione o código a seguir.

```
<!DOCTYPE html>
<html>
    <head>
        <title>Atividade 4 - Áudios</title>
    </head>
    <body>

    <audio controls>
        <source src="recursos/horse.mp3" type="audio/mpeg">
        Seu navegador não suporta o elemento audio.</audio>

    </body>
</html>
```

Na pasta de recursos, temos o arquivo de áudio *horse.mp3*; se tudo deu certo, além de obter o resultado a seguir, você deve ter ouvido o relinchar de um cavalo ao clicar no play.

A tag <audio> permite os seguintes atributos:

- *controls*, que apresenta os controles de play/pause, volume e outros disponíveis no navegador;
- *autoplay*, que permite tocar o áudio automaticamente quando carregado pelo navegador;
- *loop*, que toca novamente o áudio quando a reprodução termina.

Nem *controls* nem *autoplay* nem *loop* têm valor, ou seja, eles não precisam de = *"valor"*; o simples fato de estarem presentes é suficiente para que exerçam suas funções. Em nosso exemplo, se a todos eles for adicionada a tag <audio>, o som do cavalo será reproduzido de forma automática e sem interrupção, até que a página seja alterada e recarregada.

Experimente adicionar a tag a todos, depois omiti-los e ver o que acontece. Além de as alterações só aparecerem visualmente quando o atributo *controls* for omitido, os efeitos dos demais serão bem engraçados.

Vídeos

Antes de iniciarmos a atividade 4 (nosso *index.html*), conheceremos a tag <video>, que, como o nome diz, adiciona um vídeo ao conteúdo da página. Para essa atividade, crie o arquivo *video.html* em sua pasta.

A estrutura da tag <video> é similar à da tag <audio>; o que muda, praticamente, é só o nome.

Por se tratar de uma tag que, assim como <img>, representa algo visual, ela tem os atributos *height* e *width* para altura e largura, respectivamente.

```html
<!DOCTYPE html>
<html>
    <head>
        <title>Atividade 4 - Vídeos</title>
    </head>
    <body>

    <video width="320" height="240" controls>
      <source src="recursos/movie.mp4" type="video/mp4">
      Seu navegador não suporta o elemento vídeo.
    </video>
    </body>
</html>
```

Se tudo tiver dado certo, o resultado será similar a este:

Assim como a tag <audio>, a tag <video> permite os seguintes atributos:

- *controls*, que apresenta os controles de play/pause, volume e outros disponíveis no navegador;
- *autoplay*, que permite tocar o vídeo automaticamente quando carregado pelo navegador;
- *loop*, que toca novamente o vídeo quando a reprodução termina.

Com essas tags, temos como adicionar imagem, áudio e vídeo ao nosso conteúdo e disponibilizá-los aos usuários.

Agora, vamos criar nosso *index.html* e, com ele, um projeto contendo uma propaganda com vídeo legendado em dois idiomas. Além do HTML básico, coloquei o seguinte código no body do HTML:

```
<h1>Propaganda UPC</h1>
<p>A UPC é uma empresa europeia com um superpacote para sua casa.</p>

<video controls preload="metadata">
    <source src="recursos/video.ogg" type="video/ogg">
    <source src="recursos/audio.mp4" type="video/mp4">
    <track label="English" kind="subtitles" srclang=""m" sr"="recursos/subtitles-en.vtt">
    <track label="Portugues" kind="subtitles" srclang="pt-BR" src="recursos/subtitles-pt_br.vtt">
</video>
```

Se tudo deu certo, quando rodar esse código, você verá isto:

Além disso, poderá clicar no menu *Legendas* e ativá-las em inglês ou português.

Observe que a tag <video> tem duas tags <source> e duas tags <track>. Cada tag <source> aponta para um tipo de arquivo de vídeo: o primeiro é em mp4, que costuma ser o formato em que os celulares gravam os vídeos; o outro é o ogg, que tem ótima qualidade e, por ter melhor compatibilidade, deverá ser a primeira opção do navegador antes de tentar carregar o mp4. Vejamos na aba *Network* (*Rede*):

As tags <track> adicionam as faixas de legendas, o que agrega acessibilidade, possibilitando a pessoas que não entendem inglês a compreensão do texto em português, e a pessoas que entendem inglês, mas com deficiência auditiva, a compreensão do que o vídeo quer informar.

Com o conhecimento adquirido até agora, você pode tentar criar uma lista de músicas, vídeos ou ambos e, no caso das músicas, associar imagens aos álbuns. Seria legal, não?

Que tal fazermos isso enquanto aprendemos sobre tabelas?

Vamos à atividade 5.

ATIVIDADE 5 – TABULANDO TABELAS E OUTRAS COISAS

A análise de dados é essencial, uma vez que esse processo permite criar estratégias de ação e tomada de decisão. Para organizá-los, a tabulação de dados é fundamental; em HTML a tabulação é feita por meio da tag <table>, que permite tornar as informações adequadas para que sejam compreendidas no conteúdo de uma página.

Essa tag é bem complexa, pois contém um grande número de subtags que organizam a informação quase da mesma forma que uma página HTML, com cabeçalho, corpo e rodapé. Por isso, estudaremos a "geografia" da tabela antes de darmos seguimento à atividade.

Primeiro, vamos conhecer as subtags <thead>, <tbody> e <tfoot>, que são de primeiro nível e opcionais.

```
<table>
```

```
    <thead>



    <thead>




    <tfoot>
```

Veja como essas tags funcionam no código:

```
<table>
    <thead></thead>
    <tbody></tbody>
    <tfoot></tfoot>
</table>
```

Entendido isso, vamos às <tr> (de *table row*, ou linha da tabela):

```
<table>
```

```
<thead>
        <tr>



<thead>
        <tr>


        <tr>


        <tr>


        <tr>
<tfoot>
        <tr>
```

Vejamos como elas são representadas no código:

```
<table>
    <thead>
        <tr></tr>
    </thead>
    <tbody>
        <tr></tr>
    </tbody>
    <tfoot>
        <tr></tr>
    </tfoot>
</table>
```

Por fim, mas não menos importante, vamos conhecer as <th> e <td>. Aqui, vale comentar que as <th> definem as divisões do cabeçalho, enquanto as <td>, os dados da tabela.

`<table>`

`<thead>` `<tr>`			
	`<td>`	`<td>`	`<td>`
`<thead>` `<tr>`	`<td>`	`<td>`	`<td>`
`<tr>`	`<td>`	`<td>`	`<td>`
`<tr>`	`<td>`	`<td>`	`<td>`
`<tr>`	`<td>`	`<td>`	`<td>`
`<tfoot>` `<tr>`	`<td>`	`<td>`	`<td>`

Codificando, temos:

```
<table>
    <thead>
        <tr>
            <th></th>
            <th></th>
            <th></th>
        </tr>
    </thead>
    <tbody>
        <tr>
            <td></td>
            <td></td>
            <td></td>
        </tr>
        <tr>
            <td></td>
            <td></td>
            <td></td>
        </tr>
    </tbody>
    <tfoot>
        <tr>
            <td></td>
            <td></td>
            <td></td>
        </tr>
    </tfoot>
</table>
```

Table

Agora que passamos à estrutura da tabela, vamos iniciar nossa atividade 5 da mesma forma que as anteriores. Crie uma pasta chamada *Atividade 5* e, dentro dela, nosso *index.html* (sim, tabelas são enormes e exaustivas – logo, vamos para o *index.html*).

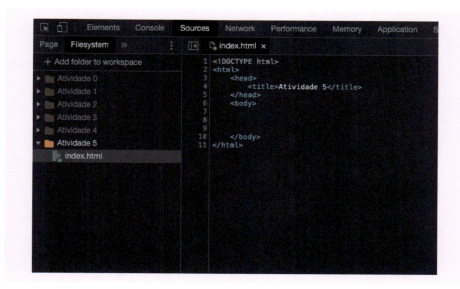

Lembremos o que faremos nesta atividade: criar uma lista de músicas e vídeos. Infelizmente, não é possível disponibilizar de maneira gratuita músicas em formato mp3; por isso, utilizaremos apenas imagens como capas dos álbuns e links para os vídeos no YouTube. As imagens para as capas estão disponíveis na pasta *recursos* dentro da pasta *Atividade 5* que você baixou seguindo as instruções no início deste livro.

Além disso, vamos organizar os nomes dos artistas e das músicas ou vídeos.

Veja uma lista sugerida (lembrando que você pode fazer suas escolhas pessoais):

- Red Hot Chili Peppers – Dark Necessities – https://www.youtube.com/watch?v=Q0oIoR9mLwc

- Alanis Morissette – You Oughta Know – https://www.youtube.com/watch?v=NPcyTyilmYY

- Supercombo – Piloto Automático – https://www.youtube.com/watch?v=YW4-V0xQkTg

O primeiro passo é organizar a lista de colunas. Para isso, vamos estruturar nossa tabela e a *thead*.

```html
<!DOCTYPE html>
<html>
    <head>
        <title>Atividade 5</title>
    </head>
    <body>

    <table>
        <thead>
            <tr>
                <th>Artista</th>
                <th>Imagem</th>
                <th>Título</th>
                <th>Video</th>
            </tr>
        </thead>
    </table>

    </body>
</html>
```

No navegador, o resultado deve ser mais ou menos assim:

Entrando no <tbody>, vamos acrescentar nas duas primeiras células de dados <td> o nome, seguido da imagem em uma tag <img> com o endereço da imagem do artista. Na terceira célula entrará o título da música, e na última um link com a tag <a> indicando o link da música no YouTube.

Esta é a estrutura básica:

```html
<tbody>
    <tr>
        <td>Artista</td>
        <td><img src="" alt=""></td>
        <td>Titulo</td>
        <td><a href=""></a></td>
    </tr>
</tbody>
```

Esta é a montagem da primeira banda:

```
<tr>
    <td>Red Hot Chili Peppers</td>
    <td><img src="recursos/rock_a.jpeg" alt="Red Hot Chili Peppers"></td>
    <td>Dark Necessities</td>
    <td><a href="https://www.youtube.com/watch?v=Q0oIoR9mLwc">ouça agora</a></td>
</tr>
```

Agora, tente montar a mesma estrutura para as demais bandas, seguindo a mesma premissa do modelo.

O resultado final deve ser mais ou menos assim:

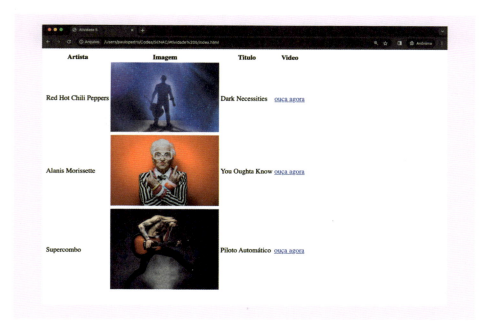

Vamos repassar os conhecimentos de tabela que adquirimos até agora: a tag <table> tem as tags opcionais de primeiro nível <thead>, <tbody> e <tfoot>, as quais, por sua vez, têm a tag <tr>, que representa as linhas, e, dentro destas, <th>, quando dividimos as colunas do <thead>, e <td>, ao definir os dados do <tbody> e do <tfoot>.

Como proceder para adicionar, por exemplo, mais uma música da Alanis ao catálogo? Seria preciso adicionar outra linha completa, com foto e nome? Não. Vamos usar um atributo chamado *rowspan*, que, assim como seu primo, o *colspan*, exige atenção e um pouco mais de entendimento de "geografia" das tabelas.

O *rowspan* informa ao navegador que determinada célula se expande por certo número de linhas, enquanto o *colspan* comunica que determinada célula se expande por certo número de colunas.

```
<table>
```

`<thead>` 　　`<tr>`	`<td>`	`<td>`	`<td>`
`<thead>` 　　`<tr>`	`<td colspan="2">`		`<td>`
`<tr>`	`<td>`	`<td>`	`<td>`
`<tr>`	`<td>`	`<td>`	`<td rowspan="2">`
`<tr>`	`<td>`	`<td>`	
`<tfoot>` 　　`<tr>`	`<td>`	`<td>`	`<td>`

Agora, vamos adicionar uma música nova à lista da Alanis e aplicar o *rowspan* para não replicar as células da foto e do nome da artista.

```html
            <tr>
                <td rowspan="2">Alanis Morissette</td>
                <td rowspan="2"><img src="recursos/rock_b.jpeg" alt="Alanis
Morissette"></td>
                <td>You Oughta Know</td>
                <td><a href="https://www.youtube.com/watch?v=NPcyTyilmYY">ouça agora</
a></td>
            </tr>
            <tr>
                <td>Ironic</td>
                <td><a href="https://www.youtube.com/watch?v=Jne9t8sHpUc">ouça agora</
a></td>
            </tr>
```

A tela ficará assim:

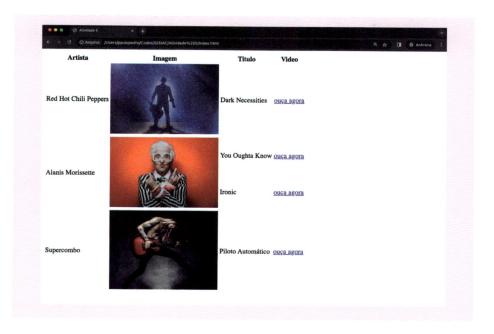

O irônico (com o perdão do trocadilho) é que essa música tem uma versão acústica e seria legal colocá-la na lista, mas sem repetir o título da música. Ficará assim:

```
<tr>
    <td rowspan="3">Alanis Morissette</td>
    <td rowspan="3"><img src="recursos/rock_b.jpeg" alt="Alanis Morissette"></td>
    <td>You Oughta Know</td>
    <td><a href="https://www.youtube.com/watch?v=NPcyTyilmYY">ouça agora</a></td>
</tr>
<tr>
    <td rowspan="2">Ironic</td>
    <td><a href="https://www.youtube.com/watch?v=Jne9t8sHpUc">ouça agora</a></td>
</tr>
<tr>
    <td><a href="https://www.youtube.com/watch?v=5w6lAUzZoh0">ouça agora (acústico)</a></td>
</tr>
```

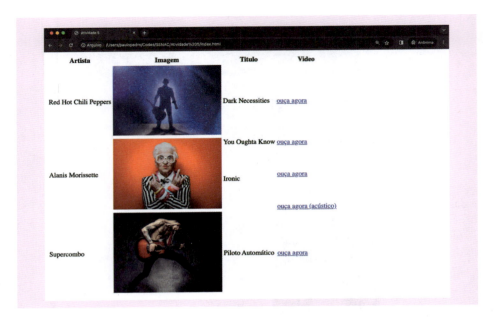

Observe que na primeira linha da Alanis há quatro células <td>, e nas duas primeiras a instrução de *rowspan="3"*; isso comunica ao navegador que as próximas duas linhas têm células que devem ser expandidas. Já a segunda linha da Alanis tem duas células <td>, e na primeira há a instrução de que na próxima linha devem ser expandidas.

Ativando um "raio X" da montagem final, vemos exatamente quais células foram expandidas para organizar as três músicas da Alanis.

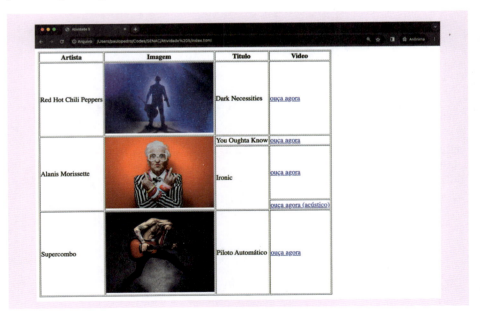

Esqueça tudo e se prepare para o tableless

A internet está sempre em evolução, e com o HTML não é diferente. Hoje, falamos do HTML5 (que talvez seja o último), que é bem diferente do HTML1, com suas poucas tags.

Tags como <listing> e <isindex> foram deixadas de lado; surgiram outras, como <video>, que permitem que as páginas sejam cada vez mais dinâmicas.

A tag <table>, que aprendemos nesta atividade, dá uma noção de como é possível criar layouts com ela. Até os idos de 2005, era comum criar páginas ao organizar os elementos por meio de uma tabela.

Nessa época, o CSS estava na segunda versão, e o HTML5 aos poucos saía do papel e das normas do W3C (World Wide Web Consortium, órgão responsável pelos padrões da web) para os navegadores, que ainda tinham como exponencial o Internet Explorer, o Firefox e o novo competidor, o Chrome.

Sites com a estrutura mostrada na imagem a seguir, com o topo contendo menu e logotipo, área lateral de navegação e outra de conteúdo, eram elaborados sobre tabelas. Agora que você conhece a complexidade de criar tabelas, fica fácil imaginar como um site desses pode variar de simples a complexo e ficar repleto de erros em pouco tempo.

Entretanto, não foi só a complexidade que levou à evolução do HTML. Somam-se a isso o anúncio do suporte ao CSS3 nos navegadores, o barateamento das telas de LCD, que começaram a apresentar resolução cada vez maior, e, por fim, o anúncio dos smartphones com telas inicialmente menores em tamanho e resolução.

Antes, era raro que as resoluções passassem de 1280 pixels de largura; agora, as telas têm 360 pixels de largura e 1920 pixels de altura. Era impossível gerenciar a exibição correta dos conteúdos ou elementos presos em tabelas. Então, entramos em um momento que se estende até hoje (quando este livro está sendo escrito), que é a geração *tableless* (de *table* = tabela, *less* = sem).

Tabelas extensas e complexas deram lugar a muitas tags <div>, que buscavam organizar o conteúdo; as tags <main>, <section> e <aside> começaram a ser amplamente utilizadas para organizar o conteúdo de maneira semântica e depois visual.

Desse modo, as tabelas foram relegadas à sua missão inicial: organizar dados. A organização do design ficou a cargo do CSS, e isso aprenderemos no próximo capítulo.

3
CSS

OBJETIVOS

» Conhecer as possibilidades do CSS

» Entender o que é hierarquia de estilos

» Aprender a formatar textos usando o CSS

» Conhecer a tag <div>

» Aprender a dispor elementos na tela e a criar fundos de cor sólida, com transparência ou gradientes

» Aprender a criar formulários e páginas responsivas

Formatar uma página HTML sempre foi um grande desafio. Algumas das tags e dos atributos criados no início, além de terem função semântica (dar sentido ao código e ao conteúdo), também procuravam trazer beleza à página da mesma forma que os livros impressos faziam.

Mudar de fonte tipográfica e mesmo de cor era um enorme problema, mesmo em tempos em que a tela apresentava 256 cores (ou menos). Era impensável organizar um menu ao lado, e não acima, ou aumentar o espaço entre um caractere e outro ou entre as linhas.

Era comum que esse tipo de formatação fosse feito com o uso de uma tag que não existe mais, a tag <font>, que continha poucos atributos. Com ela, os programadores se valiam de muita criatividade para chegar a resultados satisfatórios em termos visuais. Os atributos dessa tag eram *size*, *face* e *color* (respectivamente para tamanho, nome da fonte e cor da fonte). Ir além disso exigia muita destreza do antigo profissional webdesigner (hoje UI/UX developer).

As tabelas usavam os atributos *cellpadding*, *border* e *cellspacing* como ferramentas de ajuste. O uso desses atributos e da tag <font> era um emaranhado infinito de tags para uma simples formatação, com resultado, muitas vezes, insatisfatório. Veja um exemplo neste link: https://i.insider.com/534d5b516bb3f7b6746bbaa8?width=1300& format=jpeg&auto=webp.

Observe que o conteúdo está dentro de uma tabela, cuja borda superior divide o topo; dentro dela, outra linha separa o texto do menu à esquerda. Isso acontecia porque era comum usar tabelas para diagramar o conteúdo em vez de um recurso mais fluido.

Foi com isso em mente que, em 1996, dois cientistas da computação trabalharam em uma proposta de folha de estilos que deu origem ao CSS. O então chamado style sheet, que posteriormente ganharia o termo "cascading", viria ajudar, de forma pragmática, não só a formatar o conteúdo em uma página, mas possibilitar que essa formatação fosse aproveitada de maneira integral ou parcial, permitindo aos programadores que, com um simples atributo, formatassem blocos inteiros de conteúdo, ou mesmo que, sem apontar um atributo, formatassem o conteúdo por completo.

Os dois notáveis que revolucionaram a internet são Bert Bos e Håkon Wium Lie. Bert ainda é bastante ativo nos grupos, e suas ideias para a revolução do CSS são sempre referência aos que se aprofundam na tecnologia. Håkon, por sua vez, trabalhou com Tim Berners-Lee na definição do HTML e costuma ser citado; além disso, participa de diversos grupos que trabalham na evolução do CSS.

Hierarquia de estilos: isso é importante!

O CSS integra-se ao HTML para formatar os conteúdos, mas tem sintaxe totalmente diferente, sobretudo porque, além da semântica, se fundamenta na hierarquia, que é a base do CSS, como vimos no capítulo 2 sobre HTML. A hierarquia refere-se à letra C da sigla: trata-se da definição de "cascata".

Assim, o que está escrito na primeira linha para definir o estilo de uma tag (que, nesta seção, chamaremos de elemento) pode ser totalmente sobreposto ou ignorado por outro estilo escrito na linha abaixo, uma vez que quem "manda" é o último estilo em cascata a ser carregado e interpretado.

Bem, mas essa não é a única informação relevante, pois, como mencionei, a forma de escrever o CSS é bastante diferente da sintaxe do HTML.

O HTML é uma linguagem de marcação, definida por marcas ou tags. O CSS é uma folha de estilos escrita com base em procedimentos ou regras de aplicação. Cada regra se aplica a um ou mais elementos do HTML, que podem ou não ser identificados.

Para identificar um elemento no HTML, ou seja, atribuir-lhe identidade, é possível usar o atributo *id*, que pode ser utilizado por quase todos os elementos do HTML e é identificado no CSS pelo uso do símbolo #. Observe a identificação de um elemento no HTML a seguir:

```
<p id="paragrafo">Texto de parágrafo</p>
```

No CSS, ele é identificado como:

```
#paragrafo
```

Chamamos essa identificação no CSS de seletor, que é a base do que faremos em uma folha de estilos do CSS.

No entanto, podemos criar um estilo no CSS e aproveitá-lo outras vezes. Para isso, podemos utilizar outro atributo em nossos elementos HTML, o *class*:

```
<p class="destaque">Texto destacado</p>
```

No CSS, temos:

```
.destaque
```

Outra forma de identificar e selecionar um elemento do HTML no CSS é por meio da própria tag. Essa é uma forma geral de seleção e tem riscos, mas é válida quando a intenção é selecionar e formatar todo um grupo de elementos do HTML. No HTML, temos:

```
<p>Primeiro texto</p>
<p>Segundo texto</p>
```

No CSS:

```
p
```

As três formas apresentadas são as mais utilizadas; há também inúmeros outros seletores possíveis para o CSS, mas trataremos de cada um no devido momento, durante as atividades.

Atividade 1 – Formate. Quem? Todos!

O CSS possibilita o uso de uma variedade de atributos para a formatação dos elementos. Os mais básicos tratam das fontes, das cores e dos ajustes de margem e espaço; os mais avançados controlam animações e efeitos 3D. Vamos começar com os mais básicos, mas antes é necessário entender que o CSS, assim como as tags, precisa de uma marcação de começo e fim; no entanto, por não se tratar de uma linguagem de marcação, o CSS delimita com chaves ({ }) cada estilo criado.

Então, temos como sintaxe o seletor (abre chaves) seguido dos atributos (fecha chaves). Fica assim:

```
.seletor{
/*atributos*/
}
```

Observe que no trecho exemplificado foram utilizados um seletor de classe (que, no HTML, é referenciado com o atributo *class*) e um marcador novo: o sinal da barra acompanhado de asterisco, que serve para comentar o código. Assim, entre as barras e os asteriscos pode-se escrever qualquer coisa, normalmente comentários que servem como lembretes, que o navegador não vai interpretar ou executar.

O HTML também tem um marcador para comentários, úteis quando os códigos passam das centenas de linhas. No HTML, pode-se usar <!-- MENSAGEM -->:

```
<!-- TEXTO DESTACADO ABAIXO -->
<p class="destaque">Texto destacado</p>
```

Voltemos aos atributos do CSS para o básico. Vamos começar definindo as cores de um parágrafo destacado e de outro normal. Para isso, vamos criar uma pasta e chamá-la de *Atividade CSS*; dentro dela, será criado o arquivo *basico.html* com o código que sempre usamos como padrão. No *head*, vamos adicionar a tag que permite escrever o CSS, <style>.

Nesse arquivo, adicione dois parágrafos ao *body*, como no exemplo:

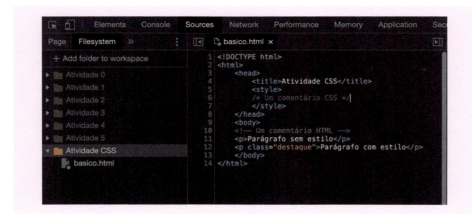

Vamos dar destaque ao parágrafo com o atributo *class*, adicionando o atributo ou a propriedade *color* do CSS e usando o seletor *destaque*. Observe que vamos colocar o ponto antes do seletor de classe; é isso que define esse tipo de seletor. Entre as chaves, vamos colocar a cor azul (*blue*).

```css
.destaque{
    color: blue;
}
```

O resultado com o HTML deverá ficar assim:

```html
<!DOCTYPE html>
<html>
    <head>
        <title>Atividade CSS</title>
        <style>
        /* Um comentário CSS */
        .destaque{
            color: blue;
        }
        </style>
    </head>
    <body>
    <!--Um comentário HTML -->
    <p>Parágrafo sem estilo</p>
    <p class="destaque">Parágrafo com estilo</p>
    </body>
</html>
```

No navegador, o resultado deverá ser assim:

Com esse resultado, podemos observar duas coisas:

- o segundo parágrafo ficou na cor azul;
- ambos os parágrafos apresentam caracteres estranhos. Por quê?

Pode ser que seu computador não apresente uma imagem como a exemplificada, e sim esta, sem os erros de caracteres:

Mesmo que seu resultado não apresente o erro, o que pontuarei a seguir é relevante daqui em diante: trata-se do encoding, que é a forma como o navegador deve interpretar os caracteres de texto da página. Como existem diversos idiomas no mundo, diferentes codificações foram criadas para que fosse possível gerar nos computadores os caracteres corretos de cada um desses idiomas. Entretanto, sendo a internet global, não demorou muito para que os diferentes encodings se tornassem uma grande dor de cabeça; para resolver isso, foi criado um Unicode, ou Universal Encoding.

O Universal Encoding é tão amplo que consegue abarcar em uma mesma codificação milhares de caracteres e mesmo imagens. Isso mesmo: os tão famosos *emojis* são parte do Unicode.

O Unicode mais utilizado tem 8 bits de endereçamento, o UTF-8. Há outros, mas esse é o mais amplamente utilizado e que com certeza resolve nosso problema de caracteres acentuados.

Vamos adicionar na tag <head> nossa primeira metatag desta forma:

```
<!DOCTYPE html>
<html>
    <head>
        <title>Atividade CSS</title>
        <meta charset="UTF-8">
        <style>
        /* Um comentário CSS */
        .destaque{
            color: blue;
        }
        </style>
    </head>
    <body>
    <!-- Um comentário HTML -->
    <p>Parágrafo sem estilo</p>
    <p class="destaque">Parágrafo com estilo</p>
    </body>
</html>
```

Após fazer essa modificação, atualize a página e veja se obteve o resultado sem os caracteres estranhos.

Adiante, retomaremos esse assunto de Unicode ou encoding; no momento, para rodarmos nossos testes com o CSS, o que vimos até então é suficiente.

Voltemos ao CSS: talvez você esteja pensando em como definir uma cor diferente ou saber o nome de todas as cores suportadas no navegador. Bom, isso é bastante complicado, e seria bem difícil escrever ou mostrar todas as cores aqui. Em vez de decorar ou ter uma tabela com o nome de todas elas, você simplesmente pode escolher em uma paleta a que mais combina com sua página.

Nossa ferramenta de desenvolvimento do Chrome nos ajuda a fazer isso. Primeiro, clique com o botão direito sobre o parágrafo colorido, e depois em *Inspecionar*.

Perceba que estamos na aba *Elements* (*Elementos*) da ferramenta e que, no lado direito, há algumas propriedades, entre as quais podemos identificar nosso código com o seletor *.destaque* e a propriedade *color:blue*. Na frente de *blue*, um quadrado mostra a cor que selecionamos. Clique nele.

Pronto! Agora você pode escolher a cor que mais o agrada e ver o resultado em tempo real no navegador.

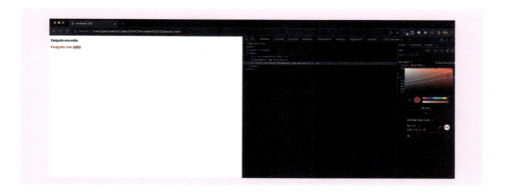

Após selecionar a cor desejada e voltar à aba *Sources* (*Fontes*), você vai perceber que o código do CSS foi alterado; agora, um código similar a esse foi adicionado no lugar do nome da cor, nomeado como #000000. Esse código representa uma cor RGB no formato hexadecimal.

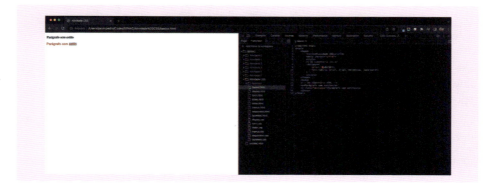

"RGB" vem de "red", "green" e "blue", que costumam ser as cores dos pixels da tela de qualquer dispositivo. Por meio dessas três cores, é possível criar bilhões de outras cores apenas variando a intensidade.

A formatação hexadecimal é escrita da seguinte maneira: # 00 00 00. Os dois primeiros números referem-se a 255 níveis de vermelho; os seguintes, a 255 posições para verde; e os últimos, a 255 níveis de azul. Quando escritos em formato hexadecimal, os 255 níveis ocupam duas casas, com 00 equivalendo ao nível 0, e FF equivalendo ao nível máximo de cada cor. Nos navegadores modernos, ainda é possível adicionar outras duas casas para outros 255 níveis de opacidade ou transparência, o que permite criar efeitos de sobreposição de elementos e cores.

Vamos agora alterar a tipografia, ou as fontes, para algo mais bonito que o padrão. Vale ressaltar que só podemos adicionar uma fonte que esteja em nosso computador ou dispositivo; testaremos primeiro a Arial, que está presente em quase todos os dispositivos. Para isso, usaremos a propriedade *font-family*. Veja:

```
<style>
/* Um comentário CSS */
.destaque{
    color: #b73011;
    font-family: Arial;
}
</style>
```

O resultado:

O segundo parágrafo está ficando mais estiloso. Mas e se o dispositivo não tiver a fonte Arial? Nesse caso, podemos adicionar um fallback, ou opção de erro, incluindo, depois de uma vírgula, outro nome de fonte ou simplesmente sua família.

Em nosso exemplo, a fonte do primeiro parágrafo é serifada, mas a do segundo parágrafo, não. O grupo serifado é chamado serif, e o sem serifa, sans-serif.

Vamos adicionar uma fonte de fallback e o sans-serif como opções para o segundo parágrafo. Dessa forma, caso nem a primeira nem a segunda fonte estejam disponíveis no dispositivo, uma fonte similar aparecerá no lugar.

```
<style>
/* Um comentário CSS */
.destaque{
    color: #b73011;
    font-family: Arial, Helvetica, sans-serif;
}
</style>
```

Que tal aplicarmos um pouco de CSS nas atividades que fizemos anteriormente, no capítulo 2? Vamos começar pela atividade de listas.

Para isso, vamos criar um arquivo chamado *listas.html* e recuperar o código HTML do final da atividade 3. Nesse código, adicionaremos a metatag de UTF que aprendemos e a tag <style> para começar a escrever algum código e deixar as listas mais bonitas.

```html
<!DOCTYPE html>
<html>
    <head>
        <meta charset="UTF-8">
        <title>Atividade 3 - Listas</title>
        <style>

        </style>
    </head>
    <body>
        <h1>Receita<h1>
        <h2>Bolo de fubá</h2>
        <h3>Ingredientes</h3>
        <ul>
            <li>3 ovos inteiros</li>
            <li>2 xícaras (chá) de açúcar</li>
            <li>2 xícaras (chá) de fubá</li>
            <li>3 colheres (sopa) de farinha de trigo</li>
            <li>1/2 copo (americano) de óleo</li>
            <li>1 copo (americano) de leite</li>
            <li>1 colher (sopa) de fermento em pó</li>
        </ul>
        <h3>Modo de preparo</h3>
        <ol>
            <li>Em um liquidificador, adicione os ovos, o açúcar, o fubá, a farinha de trigo, o óleo, o leite e o fermento, depois bata até a massa ficar lisa e homogênea.</li>
            <li>Despeje a massa em uma forma untada e polvilhada.</li>
            <li>Leve para assar em forno médio (180 °C) preaquecido por 40 minutos.</li>
        </ol>
    </body>
</html>
```

Vamos começar modificando todas as tags de uma vez, indicando que todas têm uma fonte sem serifa. Para isso, podemos usar o seletor * (asterisco), que representa qualquer tag.

```css
*{
    font-family: sans-serif;
}
```

Tome cuidado ao usar o asterisco, pois você pode acabar alterando tudo sem perceber. Agora, vamos atribuir cor aos títulos de peso 3, os h3.

```
<style>
* {
    font-family: sans-serif;
}
h3{
    color: #1a6868;
}
</style>
```

O resultado é este:

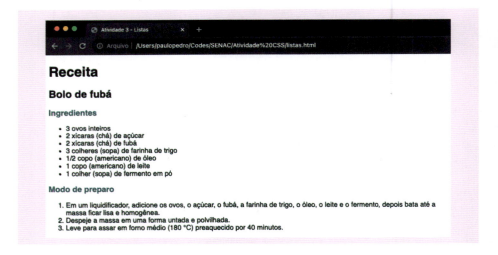

Para combinar, vamos aplicar a mesma cor nos marcadores (números e bullets) da lista de ingredientes e do modo de preparo.

```
<style>
    * {
        font-family: sans-serif;
    }
    h3{
        color: #1a6868;
    }
    ul{
        color: #1a6868;
    }
    ol{
        color: #1a6868;
    }
</style>
```

O resultado:

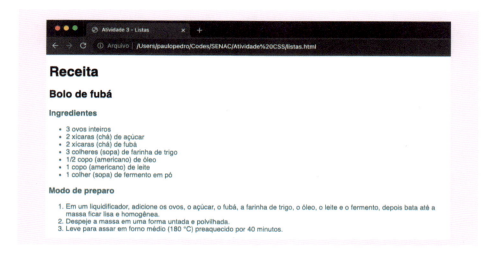

Não era bem isso que queríamos. A intenção era que somente os números e os bullets ficassem em cor diferente. No entanto, toda a lista ficou colorida.

Isso aconteceu porque aplicamos a cor nas listas ordenadas <ol> e nas não ordenadas <ul>. Queríamos manter a cor do texto, mas acabamos dando a instrução de que as listas teriam cores, bem como todos os elementos abaixo delas. Lembre-se de que o CSS trata de hierarquia: a cor ou qualquer outra propriedade de um elemento-pai é herdada pelos elementos-filhos. Para ver na prática, clique sobre um texto de uma das listas e depois em *Inspecionar*.

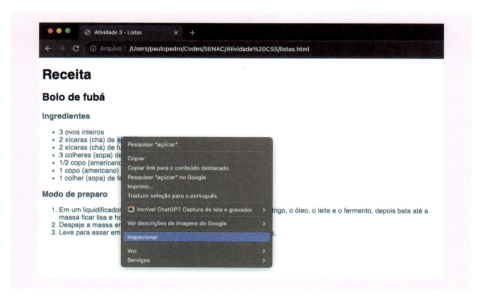

No painel, observe que o verde não está aplicado no estilo da lista, mas no herdado de <ol> (ou <ul>).

Uma opção para tentar resolver esse problema seria aplicar cor nas tags <li>. Façamos isso e vejamos o resultado:

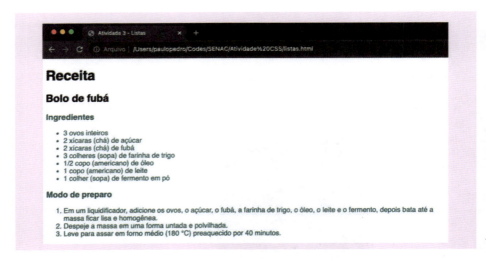

Nada diferente, certo?

Para resolver, vamos entender algo que não é "visível", um pseudoelemento.

Esse elemento equivale a uma tag HTML; entretanto, não o escrevemos no código HTML, mas o manipulamos ou adicionamos os pseudoelementos por meio do CSS.

O elemento que queremos se chama *marker* e faz parte de cada elemento de uma lista. Podemos vê-lo quando estamos na aba *Elements* (*Elementos*) e clicamos na seta na frente de uma tag <li>.

Todo pseudoelemento sempre está relacionado a um elemento, uma vez que não existem sozinhos nem podem ser criados ou modificados sem um elemento. Assim, para alterar a cor dele, o seletor *CSS* deve mencionar a tag <li>; depois, seguido de um duplo sinal de dois-pontos (::), inserimos o nome desta forma:

```
<style>
    * {
        font-family: sans-serif;
    }
    h3{
        color: #1a6868;
    }
    li::marker{
        color: #1a6868;
        font-weight: bold;
    }
</style>
```

O resultado deve ser este:

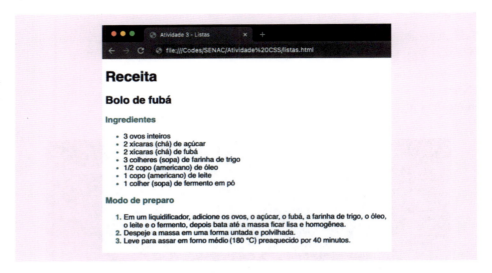

Observe que no CSS foi adicionada outra propriedade, a *font-weight* com o valor *bold*. Assim, os números da lista de *Modo de preparo* ficaram em negrito e na cor selecionada.

A propriedade *font-weight* permite alterar a característica de peso da fonte, assim como a *font-style* possibilita escolher se a fonte ficará em itálico ou não.

Ainda nas propriedades relacionadas a fontes e parágrafos, é possível selecionar a opção sublinhado com o *text-decoration*, mudar o alinhamento com o *text-align* e a altura de uma linha de texto com o *line-height*.

```
<style>
    * {
        font-family: sans-serif;
    }
    h3{
        color: #1a6868;
    }
    li::marker{
        color: #1a6868;
        font-weight: bold;
        font-style: italic;
    }
    li{
        line-height: 30px;
        text-decoration: underline;
    }
</style>
```

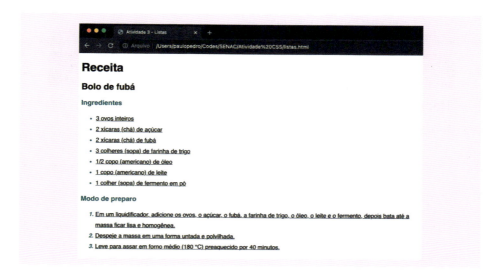

O texto de nossa receita está bem bonito agora, mas seria interessante que, além de ver os ingredientes e o modo de preparo, o usuário pudesse interagir com as listas, marcando os itens que já separou e os passos que fez da receita.

Para criar essa interação, conheceremos uma nova tag HTML, a <input>, responsável por apresentar elementos de formulário, como campos de preenchimento, seletores e combo boxes. Em nossa página, usaremos o checkbox, que permite ao usuário marcar ou desmarcar um ou mais elementos em uma lista.

O código a seguir deve acrescentar um quadrinho em nossa lista de ingredientes.

```
<li>
    <input type="checkbox" /> 3 ovos inteiros
</li>
```

Façamos o mesmo para todos os elementos:

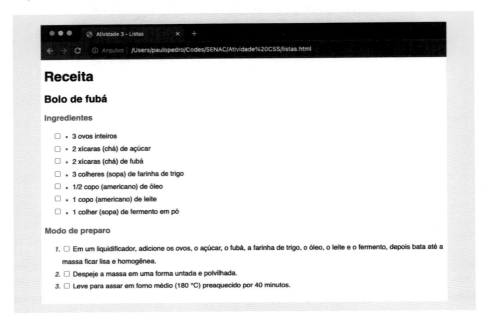

Agora, o usuário pode selecionar cada elemento da lista e marcá-lo conforme avançar na receita. Repare que o sublinhado do texto foi removido. Assim o fiz porque acho mais interessante que o usuário só veja uma linha sob o texto quando o seleciona, o que é possível somente por conta do CSS.

Antes de continuar, é preciso que nos aprofundemos nos seletores. Vamos conhecer agora os seletores de cadeia, que permitem selecionar determinado elemento quando for filho de outro ou caso esse elemento seja precedido de outro determinado.

O seletor *E F* indica que estamos formatando qualquer elemento do tipo *F* dentro de um elemento *E*. No exemplo a seguir, as tags <li> dentro de <ol> serão pintadas de verde (green), mesmo as que estiverem dentro de <ul>.

```
ol li{
    color: green;
}
```

```
<ol>
    <li>texto</li>
    <li>texto</li>
    <li>texto
        <ul>
            <li>texto</li>
            <li>texto</li>
        </ul>
    </li>
</ol>
```

O seletor *E > F* indica que estamos selecionando o elemento *F*, que é filho do elemento *E*. Quando queremos formatar uma tag <li> que está dentro de uma tag <ol>, por exemplo, usamos o seletor *ol > li*.

```
ol > li {
    color: red;
}
```

No código HTML do exemplo anterior, apenas as tags <li> na sequência de <ol> serão pintadas de vermelho (red).

O seletor *E + F* indica que estamos selecionando o elemento *F*, que é precedido pelo elemento *E*. Ele é utilizado, por exemplo, quando selecionamos uma tag <h2> que vem automaticamente depois de uma tag <h1>, que, no exemplo a seguir, vai colorir de laranja (orange) a tag <h2>.

```
<h1>Título principal</h1>
<h2>Título secundário</h2>
```
HTML

```
h1 + h2 {
    color: orange;
}
```
CSS

O CSS ainda permite selecionar elementos quando mudam de status, como quando um checkbox é selecionado ou um elemento está em foco, habilitado ou não.

O seletor *E:checked* indica que estamos selecionando um checkbox ou radiobox.

```
.input:checked{
    background-color:aliceblue;
}
```
CSS

```
<input type="checkbox" />
```
HTML

O seletor *E:focus* indica que estamos selecionando um elemento em foco.

```
.input:focus{
    background-color:aliceblue;
}
```
CSS

```
<input type="text" />
```
HTML

Por fim, antes de voltarmos à nossa página, vamos conhecer o seletor por atributo. Esse tipo de seletor permite ao CSS selecionar um elemento HTML que tenha um atributo ou determinado valor em um atributo.

Para esse seletor, seguimos a regra E[a="b"], que indica que o elemento *E* com atributo *a* e valor *b* deve ser selecionado.

```css
input[type="checkbox"]{
    background-color:green;
}
```

```html
<input type="checkbox" />
```

Ainda podemos usar a forma E[a], que indica que o elemento *E* com atributo *a* deve ser selecionado.

```css
input[type]{
    background-color:green;
}
```

```html
<input type="checkbox" />
```

Vamos aplicar toda essa informação em nossa página da receita de bolo e verificar os procedimentos para que um checkbox selecionado marque a linha toda do item da receita.

Podemos tentar diversas abordagens para chegar a esse resultado, mas a que vamos utilizar consiste em mudar a estrutura do HTML para que possamos selecionar o texto e grifá-lo quando o elemento anterior for o checkbox selecionado.

Para isso, colocaremos o texto dos elementos da lista em uma tag <p> logo depois de <input>. Fica assim:

```html
<li>
    <input type="checkbox" />
    <p>3 ovos inteiros</p>
</li>
```

O resultado parecerá um pouco diferente, uma vez que a tag <p> apresenta quebra de parágrafo. Depois, faremos uma correção visual. Agora, repetiremos o procedimento nos demais itens das listas. O resultado deve ser semelhante ao que vemos a seguir.

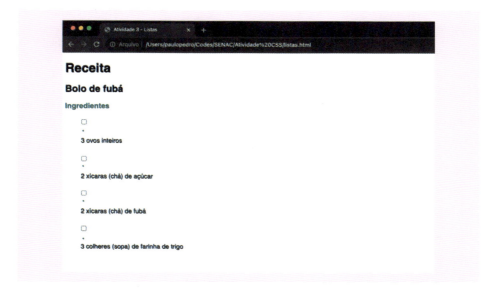

Agora, para fazer o CSS marcar com um traço cada elemento selecionado, usaremos o seletor *E + F*, que permite formatar a tag <p> no caso de <input> estar selecionado.

```
input[type="checkbox"]:checked + p{
        text-decoration: line-through;
}
```

Para testar, clique nos elementos e verifique se o resultado é similar a este:

Assim, adicionamos interatividade e o que chamamos de formatação condicional, uma vez que, se o checkbox estiver selecionado, marcaremos o texto; caso contrário, deixamos como está.

Podemos melhorar o posicionamento do checkbox, pois está acima do texto, junto ao bullet da lista de itens. Para isso, utilizaremos a propriedade display do CSS, recurso que veremos em mais detalhes adiante. A intenção de antecipar o uso do display é mostrar que se pode concatenar dois ou mais seletores para formatar mais de um elemento por vez. Para isso, basta usar uma vírgula após cada seletor; neste caso, usando a propriedade display, coloque as tags <input> e <p> na mesma linha *on inline*. Para facilitar a visualização, os seletores foram dispostos em linhas separadas. Observe que no final da primeira linha foi inserida uma vírgula.

```
li > input[type="checkbox"],
li > p{
    display: inline;
}
```
CSS

Outro ponto importante: observe que o seletor *E > F* especifica que essa formatação é válida somente para as tags <input> e <p> quando dentro de <li>.

O resultado deve ser este:

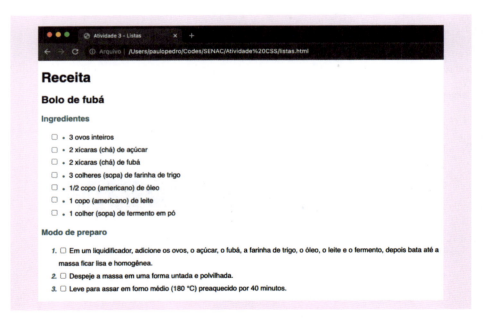

Até agora, vimos diversos tipos de seletores e algumas propriedades do CSS, e conhecemos novas tags do HTML. Para fechar a compreensão da hierarquia do CSS, falta aprender sobre os *inline style*, ou estilos *inline*, e, por fim, como separar a camada de CSS (apresentação) da camada de HTML (estrutura).

Primeiro, trataremos dos estilos *inline*. No CSS, como vimos, podemos adicionar estilos por meio da tag <style>, mas também adicioná-los diretamente ao elemento HTML com o atributo *style* de cada tag.

```
<!DOCTYPE html>
<html>
    <head>
...
    </head>
    <body>
...
        <ul style="list-style:none;">
            <li>
                <input type="checkbox" />
                <p>3 ovos inteiros</p>
            </li>
...
    </body>
</html>
```

Repare que foram adicionados a tag <ul>, o atributo *style* e a propriedade *list--style:none*, removendo, assim, os bullets da lista de ingredientes.

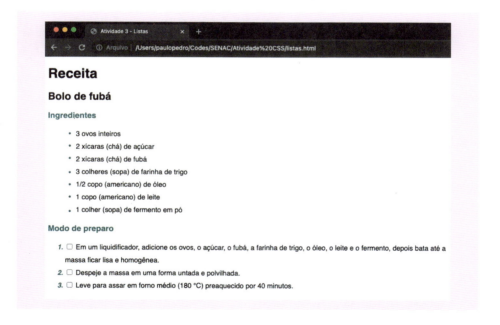

Da mesma forma, será aplicada a cor vermelha (red) no último item da lista de modo de preparo.

```
<!DOCTYPE html>
<html>
    <head>
        ...
    </head>
    <body>
        ...
            <li style="color:red;">
                <input type="checkbox" />
                <p>Leve para assar em forno médio (180 °C) preaquecido por 40 minutos.</p>
            </li>
        </ol>
    </body>
</html>
```

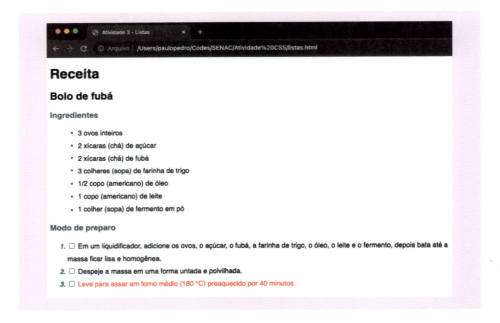

No dia a dia do desenvolvimento HTML, pode acontecer de essa alteração ser feita sem que se perceba que ela pode mudar muito o visual. Para evitar que isso ocorra, na tag <style> podemos anotar que é importante que a cor das tags <p> dentro das listas seja sempre preta. Faremos isso usando a palavra precedida de exclamação: *!important*.

```
<!DOCTYPE html>
<html>
    <head>
        <meta charset="UTF-8">
        <title>Atividade 3 - Listas</title>
        <style>
        ...
        li > p{
            color: black !important;
        }
        </style>
    </head>
    <body>
        ...
            <li style="color:red;">
                <input type="checkbox" />
                <p>Leve para assar em forno médio (180 °C) preaquecido por 40 minutos.</p>
            </li>
        </ol>
    </body>
</html>
```

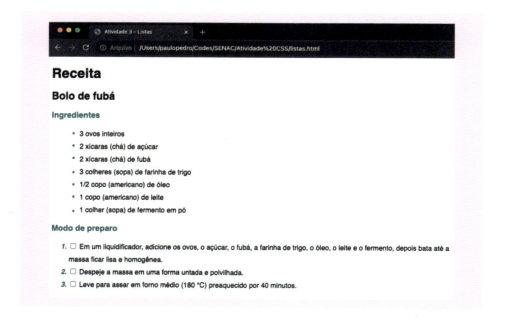

Dessa forma, o *!important* sobrepõe-se às outras formatações e só pode ser sobreposto por outra formatação com *!important* adicionada depois.

A esta altura deste longo exercício, você já percebeu que o CSS pode ficar extenso e ter inúmeras linhas. Aqui mesmo nos últimos exemplos optei por inserir reticências (…) em vez de copiar todo o código. Outro problema é que juntar a formatação – ou camada de apresentação, como é conhecida – à camada estrutural do HTML pode dificultar a manutenção do código; por isso, vamos separar o CSS do HTML criando o *index.html* somente com o código HTML de nossa página *links.html*, e também remover a tag <style>.

```html
<!DOCTYPE html>
<html>
    <head>
        <meta charset="UTF-8">
        <title>Atividade 1 - CSS</title>
    </head>
    <body>
        <h1>Receita<h1>
        <h2>Bolo de fubá</h2>
        <h3>Ingredientes</h3>
        <ul style="list-style:none;">
            <li>
                <input type="checkbox" />
                <p>3 ovos inteiros</p>
            </li>
            <li>
                <input type="checkbox" />
                <p>2 xícaras (chá) de açúcar</p>
            </li>
            <li>
                <input type="checkbox" />
                <p>2 xícaras (chá) de fubá</p>
            </li>
            <li>
                <input type="checkbox" />
                <p>3 colheres (sopa) de farinha de trigo</p>
            </li>
            <li>
                <input type="checkbox" />
                <p>1/2 copo (americano) de óleo</p>
            </li>
            <li>
                <input type="checkbox" />
                <p>1 copo (americano) de leite</p>
            </li>
            <li>
                <input type="checkbox" />
                <p>1 colher (sopa) de fermento em pó</p>
            </li>
        </ul>
        <h3>Modo de preparo</h3>
        <ol>
            <li>
                <input type="checkbox" />
                <p>Em um liquidificador, adicione os ovos, o açúcar, o fubá, a farinha de
trigo, o óleo, o leite e o fermento, depois bata até a massa ficar lisa e homogênea.</p>
            </li>
            <li>
                <input type="checkbox" />
                <p>Despeje a massa em uma forma untada e polvilhada.</p>
            </li>
            <li style="color:red;">
                <input type="checkbox" />
                <p>Leve para assar em forno médio (180 °C) preaquecido por 40
minutos.</p>
            </li>
        </ol>
    </body>
</html>
```

Vejamos no navegador o resultado sem o CSS.

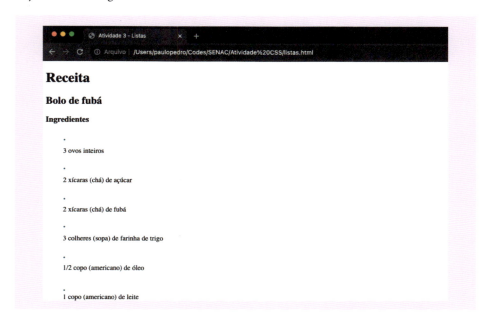

É importante notar que a lista de ingredientes está sem os bullets, e o último item da lista de modo de preparo está em vermelho. Isso aconteceu porque, ao copiarmos, mantivemos os estilos *inline* do CSS.

Agora, vamos copiar todo o CSS que criamos anteriormente para um arquivo chamado *index.css*. Nesse caso, não leve a tag <style>.

```
* {
    font-family: sans-serif;
}
h3{
    color: #1a6868;
}
li::marker{
    color: #1a6868;
    font-weight: bold;
    font-style: italic;
}
li{
    line-height: 30px;
}
input[type="checkbox"]:checked + p{
    text-decoration: line-through;
}
li > input[type="checkbox"], li > p{
    display: inline;
}
li > p{
    color: black !important;
}
```

Existem duas maneiras de relacionar o arquivo CSS ao HTML. A primeira e mais tradicional é por meio da tag <link> dentro de <head>, desta forma:

```
<link rel="stylesheet" href="index.css">
```

A segunda é por meio do @import, dentro da tag <style>.

```
<style>
@import url(index.css);
</style>
```

Ambas levam ao mesmo resultado. Vamos aplicar a primeira e observar o que acontece.

```
<!DOCTYPE html>
<html>
    <head>
        <meta charset="UTF-8">
        <title>Atividade 1 - CSS</title>
        <link rel="stylesheet" href="index.css">
    </head>
    <body>
    ...
    </body>
</html>
```

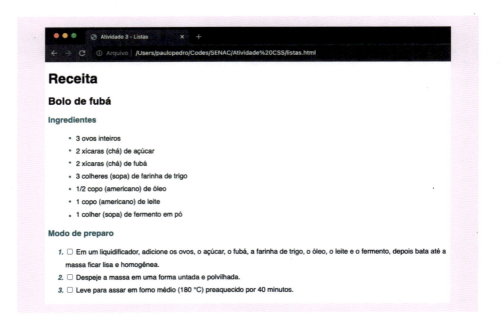

Tudo está funcionando!

Talvez você ainda não tenha percebido, mas, quando editamos os arquivos das atividades na aba *Sources* (*Fontes*) do Chrome, o que está ativo apresenta uma bolinha verde no nome. Agora, como temos dois arquivos, HTML e CSS conectados e linkados, duas bolinhas estão ativas, o que permite editar e adicionar estilos ao *index.css* por meio da aba *Elements* (*Elementos*), sem necessariamente precisar escrever o código na aba *Sources* (*Fontes*).

Para adicionar estilos no arquivo CSS linkado, clique com o botão direito no título e depois em *Inspecionar*.

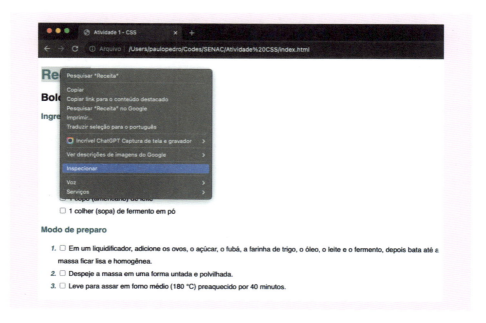

Na aba *Elements* (*Elementos*), procure o sinal de mais (+) no topo da coluna de estilos, clique e segure. Um menu aparecerá; escolha *index.css*.

Observe que você pode, por exemplo, alterar a cor pela interface de estilos do Chrome, sem precisar ir ao código.

Altere a cor e veja o resultado na aba *Sources* (*Fontes*) no arquivo *index.css*.

Por fim, veja que será criado um estilo na linha 25 do arquivo *index.css*.

É importante que, além de tudo que vimos, você entenda a hierarquia do CSS e como ela afeta a formatação dos elementos HTML. A tabela a seguir ajuda a compreender a ordem das prioridades de formatação do CSS. É esta ordenação que o navegador segue para manter uma formatação.

Prioridades do CSS (da maior para a menor)		
Prioridade	Recurso CSS	Descrição
1	Importância	Propriedades marcadas com *!important*.
2	*inline*	Estilos aplicados diretamente no elemento pelo atributo *style* na tag.
3	*media type*	Uma formatação é aplicada para todas as mídias, exceto quando uma *media* é especificada (aprenderemos sobre isso adiante, em *media queryes*).
4	Definido pelo usuário	Alguns usuários utilizam configurações de acessibilidade que sobrepõem as formatações a seguir.
5	Seletor específico	Por meio de algum seletor padrão (os que aprendemos até agora).
6	Ordem de regra	A última regra escrita sobrepõe as anteriores.
7	Herança	A propriedade é herdada de outra tag na qual se está aplicando a formatação.
8	CSS definido no HTML	Algum CSS definido no documento HTML como na tag <style>.
9	Padrão do navegador	Formatação padrão do navegador para aquele elemento.

Um erro comum e com o qual mais se perde tempo ao formatar uma página complexa como programador de interfaces é não entender essas prioridades.

Uma ordenação muito alternada também pode prejudicar a velocidade da página, pois o navegador precisa continuamente substituir uma formatação por outra de maior prioridade, e isso gera o que chamamos de "sambadinha", uma vez que o conteúdo se ajusta inúmeras vezes até chegar à formatação de maior prioridade. Isso causa, com frequência, certa estranheza para o usuário final.

Atividade 2 – Nem tudo que tabela é tabela

Divs

Como vimos no fim da última atividade de HTML, muitos programadores, até o começo dos anos 2000, formatavam conteúdos utilizando a tag <table>; assim, pode-se imaginar a enorme complexidade do código mesmo para páginas simples. Com o avanço do CSS, que, nos idos de 2005, chegava à versão 3 acompanhado do HTML5, o qual ganhava cada vez mais compatibilidade e popularidade, outras técnicas de programação estrutural surgiram, entre elas o *sprite image* (que estudaremos em *background*) e o *tableless*.

O *tableless* surgiu para eliminar a complexidade das tabelas e trouxe a complexidade das divs. Isso mesmo: no começo da geração *tableless*, muitos desenvolvedores, empolgados, erraram a mão e trocaram uma série de <table>, <tr> e <td> por <div>, <div> e <div>; entretanto, com o passar do tempo, essa complexidade foi abandonada, e, além das divs, outras tags semânticas foram empregadas, como as já citadas <section> e <aside>, que melhoraram a sintaxe dos códigos e a forma de programar.

A tag <div> é muito flexível e tem pouca ou nenhuma característica como formatação padrão do navegador, o que ajuda a não ter que sobrescrever algo que o navegador tem por padrão. Você pode ter percebido que uma tag <p>, por exemplo, acrescenta bastante espaço antes e depois do parágrafo, e a tag <h1> tem fonte muito grande e está, por padrão, em negrito.

Para este exercício, vamos voltar à atividade 5 e refazê-la sem as tabelas, com mais flexibilidade. Então, na pasta *Atividade CSS*, vamos criar um arquivo chamado *tableless. html* e um arquivo CSS chamado *tableless.css*. Agora, nosso HTML padrão tem uma pequena mudança na tag <head>. Vamos chamar o link para o CSS.

O *tableless.html*:

```html
<!DOCTYPE html>
<html>
    <head>
        <meta charset="UTF-8">
        <title>Atividade 2 - Tableless</title>
        <link rel="stylesheet" href="tableless.css">          HTML
    </head>
    <body>

    </body>
</html>
```

O *tableless.css*:

```css
*{
    font-family: Arial, Helvetica, sans-serif;          CSS
}
```

Nesta atividade, o objetivo é montar uma interface de lista de músicas (playlist) com título e, abaixo de cada item da lista, dispor as músicas que usamos anteriormente. Para entender o que vamos recriar em HTML e CSS, veja o seguinte wireframe, que servirá como guia.

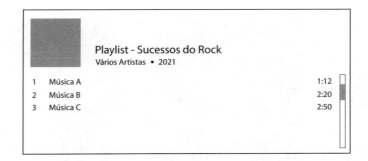

Para chegar a esse resultado, precisaremos de algumas tags <div> e, sobretudo, nomear cada uma delas. Assim, sempre saberemos a quem estamos nos referindo quando estivermos programando.

É indicado que, além do wireframe, tenhamos um estudo dos nomes, como mostrado a seguir.

Agora que sabemos o que montaremos em HTML, vamos criar os códigos, lembrando que montaremos usando a tag <div> e, para nomear as tags, usaremos o atributo *id* para o topo e a lista; no entanto, aos demais atribuiremos o *class*. Como a capa é uma imagem, usaremos a tag <img> para ela e agruparemos as tags <div> de título e detalhes dentro de uma tag de *class info* para melhorar a semântica das informações.

Para relembrar, esta é nossa lista de músicas (você pode alterar para as suas preferidas).

- Red Hot Chili Peppers – Dark Necessities – https://www.youtube.com/watch?v=Q0oIoR9mLwc – recursos/rock_a.jpeg
- Alanis Morissette – You Oughta Know – https://www.youtube.com/watch?v=NPcyTyilmYY – recursos/rock_b.jpeg
- Alanis Morissette – Ironic – https://www.youtube.com/watch?v=Jne9t8sHpUc
- Alanis Morissette – Ironic (Acústico) – https://www.youtube.com/watch?v=5w6lAUzZoh0
- Supercombo – Piloto Automático – https://www.youtube.com/watch?v=YW4--V0xQkTg – recursos/rock_c.jpeg

O código deve ficar assim:

```html
<!DOCTYPE html>
<html>
    <head>
        <meta charset="UTF-8">
        <title>Atividade 2 - Tableless</title>
        <link rel="stylesheet" href="tableless.css">
    </head>
    <body>

        <div id="topo">
            <img class="capa" alt="" src="recursos/rock_a.jpeg"/>
            <div class="info">
                <div class="titulo">Playlist - Sucessos do Rock</div>
                <div class="detalhes">Vários Artistas • 2021</div>
            </div>
        </div>
        <div id="lista">
            <ol>
                <li>Red Hot Chili Peppers - Dark Necessities - 5:40</li>
                <li>Alanis Morissette - You Oughta Know - 4:13 </li>
                <li>Alanis Morissette - Ironic - 4:07</li>
                <li>Alanis Morissette - Ironic (Acústico) - 3:56</li>
                <li>Supercombo - Piloto Automático - 3:16</li>
            </ol>
        </div>
    </body>
</html>
```

No navegador, o resultado deve estar assim:

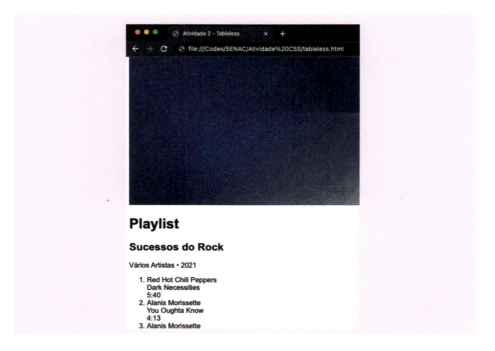

Com base na aparência que queremos para o CSS, aplicaremos algumas novas propriedades, como *height* e *width* (altura e largura, respectivamente), para definir as dimensões de alguns elementos, em especial a capa, que ficou enorme e destoa bastante de nosso objetivo visual.

Antes de aplicar essa propriedade, vamos estudar as medidas que o CSS permite aplicar como unidades:

- *px* (pixel), usada para determinar uma medida fixa em pixels. Ex.: *width:10px* define uma largura de 10 px, independentemente do tamanho da tela em que esse elemento está sendo apresentado.
- *%* (percentual), usada para atribuir, de forma relativa, uma medida percentual ao elemento ao qual outro elemento está ligado logo abaixo. Ex.: *width:50%* define que, em relação ao elemento-pai, o elemento-filho ocupará 50% de sua largura.
- *vw* (*viewport width*) e *vh* (*viewport height*) referem-se, respectivamente, à largura e à altura da tela. Ex.: *height:100vh* define que o elemento ocupará a mesma área que a altura da tela. Vale ressaltar que, no caso de a tela ter rolagem, o *vh* ou *vw* se referem ao tamanho visível da tela, não contabilizando o tamanho visível somado aos elementos ocultos pela rolagem.

Entendidos esses pontos, podemos dizer que nossa imagem deveria ocupar algo em torno de 25% da largura da área em que está contida. Então, vamos formatá-la usando o seletor *E > F* e colocando *width:25%*. Vejamos o resultado:

```
#topo > .capa > img{
    width:25%;
}
```

Ops! A imagem assumiu 25% da largura total, mas o div com o *class info* ficou abaixo da imagem (*div.info* é a terminologia usada para mostrar uma tag que tem uma *class info* como atributo; para demonstrar uma div com um *id*, a terminologia é *div#id* ou, como no nosso HTML, *div#topo*, por exemplo). Isso ocorreu porque, se analisarmos as propriedades padrão do div, veremos que o padrão é o *display:block*, que faz com que o div sempre seja interpretado como bloco. Como precisamos que fique *inline* ao bloco do conteúdo, aplicaremos o *display:inline-block*. Para encontrar essa propriedade padrão, vamos à aba *Elements* (*Elementos*) e clicamos no HTML do *div.info*.

```
*{
    font-family: Arial, Helvetica, sans-serif;
}

#topo > .capa{
    width:25%;
}

#topo > .info {
    width: 70%;
    display: inline-block;
}
```

Agora, vamos aplicar um peso maior para o título da playlist atribuindo peso 1 ao título *Playlist* e peso 2 a *Sucessos do Rock*. O resultado deve ficar como mostrado a seguir, mesmo sem termos criado uma única linha do CSS, uma vez que esses elementos já têm um CSS padrão que podemos ver ao inspecionar os padrões na aba *Elements* (*Elementos*).

Observando o inspetor de elementos, veja que as fontes têm a propriedade *font-size* com, respectivamente, 2 rem e 1.5 rem para as tags <h1> e <h2>. As medidas *rem* ou *root em* vêm de uma longa história dos materiais impressos, em que as medidas das fontes podem ser registradas em polegadas (*inches*, ou in), centímetros (cm), milímetros (mm) e paica (pc), mas nas telas foram convertidas em outras, como o citado px e o em – no último caso, 1 em equivale a 2 in do material impresso (ou 72 pt).

No caso do rem, indicamos que o tamanho da fonte é 2 rem ou duas vezes o tamanho raiz (*root*) da fonte padrão do HTML para esse navegador, que, no caso do Chrome, é 16 px; ou seja, a fonte padrão do cabeçalho h1 é equivalente a 32 px, e a do cabeçalho h2, a 24 px ou 1.5 rem.

Sugestão: se quiser saber mais sobre a história das medidas que vêm dos materiais impressos, faça a leitura do texto "EM, PX, PT, CM, IN..." no site do W3C. Disponível em: www.w3.org/Style/Examples/007/units.pt_BR.html. Acesso em: 15 ago. 2023.

Agora, vamos organizar a lista de músicas de maneira que o nome do artista e a música fiquem de um lado e a duração fique alinhada à direita da linha de cada música. Para isso, vamos separar o conteúdo de cada item da lista em tags <div> das classes artista, música e duração, desta forma:

```
<!DOCTYPE html>
<html>
    ...
    <body>
        ...
        <div id="lista">
            <ol>
                <li>
                    <div class="artista">Red Hot Chili Peppers</div>
                    <div class="musica">Dark Necessities</div>
                    <div class="duracao">5:40</div></li>
                </li>
                ...
            </ol>
        </div>
    </body>
</html>
```

Adicionaremos também no CSS um espaçamento maior entre as linhas da lista e a largura para *div.artista*, *div.musica* e *div.duracao* utilizando o seletor *E > F* e *E.class* para exemplificar como se seleciona qualquer elemento com a classe que nomeamos.

```
...
#lista > ol > li{
    line-height: 2rem
}
#lista > ol > li .artista{
    width: 40%;
}
#lista > ol > li .musica{
    width: 40%;
}
#lista > ol > li .duracao{
    width: 20%;
}
```

Observe que, no resultado apresentado no navegador, as *div.artista*, *div.musica* e *div.duracao* ficaram uma abaixo da outra, e não ao lado, da mesma forma que aconteceu antes com a *img.capa* e a *div.info*. Para solucionar, procederemos da mesma forma, mas, em vez de entrar em cada seletor e adicionar a propriedade *display:inline-block*, usaremos o asterisco e atribuiremos essa propriedade a todas as *div* dentro da tag <li>.

```
...
#lista > ol > li{
    line-height: 2rem
}

#lista > ol > li > *{
    box-sizing: content-box;
    display: inline-block;
}
#lista > ol > li .artista{
    width: 40%;
}
#lista > ol > li .musica{
    width: 40%;
}
#lista > ol > li .duracao{
    width: 20%;
}
```

Estranhamente, a *div.duracao* ainda não ficou na mesma linha. Isso ocorre porque as margens e o *padding* (espaço interno) de alguns elementos estão influenciando nossa formatação. Lembre-se de que hierarquia e herança são os pilares do CSS.

Para ajustar essa formatação, reduziremos apenas a largura da *div.duracao* para 15%. Vejamos o resultado.

```
...
#lista > ol > li .duracao{
    width: 15%;
}
```

Agora, sim, a playlist está bem mais bonita que a anterior, montada com tabelas e sem o CSS. Repare que, mesmo que a lista das músicas pareça uma tabela, conseguimos montá-la usando uma lista ordenada e tags <div>. Agora, vamos adicionar mais recursos, que fazem do CSS uma ferramenta revolucionária para o desenvolvimento de páginas.

Vamos adicionar um efeito condicional: quando o cursor do mouse estiver sobre uma das músicas da lista, a cor de fundo dessa música será alterada.

O primeiro passo é adicionar um CSS ao estado de *hover* para o item da lista (<li>), que, assim como fizemos no exercício anterior, é indicado pelo seletor *E:hover*. Aplicaremos uma mudança da propriedade *background-color*.

```
...
#lista > ol > li:hover {
    background-color: #d4c6ed;
}
```

Ao passar o cursor sobre o item, o resultado deve ficar assim:

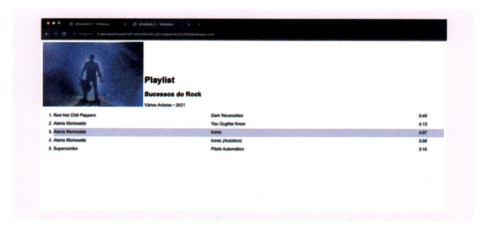

Lindo, não?

No entanto, você notará que o numerador da lista está sem o efeito de mudança de cor de fundo. Isso acontece porque o *::marker* (que aprendemos no exercício anterior), por padrão, está posicionado fora da margem. Além disso, o padrão das listas ordenadas (<ol>) e não ordenadas (<ul>) é um grande espaço interno esquerdo.

Isso pode ser verificado com um recurso na aba *Elements* (Elementos): colocar o cursor sobre o elemento cujas margens e cujo *padding* (espaço interno) você quer ver.

Para corrigir isso e ter um efeito bacana, reduziremos o *padding* esquerdo da lista e adicionaremos uma propriedade que posiciona o *::marker* dentro da margem do texto. Usaremos, respectivamente, *padding-left* e *list-style-position*.

```
...
#lista > ol {
    list-style-position: inside;
    padding-left: 0px;
}
```

O resultado ficará assim:

Este exercício me fez lembrar que o principal dispositivo utilizado hoje para ouvir música é o celular. Como essa página ficaria na tela de um celular?

É fácil simular isso com o Chrome. Clique no botão *Device Tool Bar*, que fica aqui:

É necessário informar ao navegador que nosso conteúdo deve seguir o tamanho da tela. Faremos isso usando outra tag meta, assim como fizemos para o *encoding*.

Adicione o seguinte código na tag <head> do seu HTML:

```
<meta name="viewport" content="width=device-width, initial-scale=1.0">
```

Atualize a página e veja o resultado.

Ótimo! Como aprendemos a manipular o CSS com recursos simples, agora temos nossa primeira página responsiva.

Observe que nessa nova ferramenta é possível selecionar o dispositivo que você quer simular escolhendo diversos celulares e tamanhos de tela.

ATIVIDADE 3 – A GEOGRAFIA DO CSS

Como vimos, o CSS revolucionou o desenvolvimento de páginas HTML. Além de poder centralizar em um único lugar a formatação de todos os elementos do HTML, é possível, ainda, aproveitar essa formatação adicionando atributos *class* nas tags HTML; mais que isso, o CSS permite criar animações e mesmo interações sem a necessidade de nenhum outro tipo de linguagem de programação.

É importante dominar a geografia do CSS, uma vez que esse conhecimento permite mobilizar os elementos bidimensionalmente nos eixos x e y, mas é possível também usar o eixo Z com a propriedade *z-index*.

Nesta atividade, vamos utilizar esse conhecimento e melhorar ainda mais nosso player de música. Utilizamos alguns pseudoelementos novos e todo o conhecimento para chegar a um resultado bem interessante, mais precisamente este:

display

A propriedade *display*, como vimos nas outras atividades, é importante para alterar a forma como os elementos são apresentados na tela e, assim, organizados na formatação.

Antes de iniciarmos esta atividade, trataremos dos valores de display que já estudamos e dos que ainda vamos utilizar:

- *display:block* – exibe o elemento em forma de bloco ou caixa retangular, que limita o conteúdo e o posicionamento na tela. De forma exclusiva, altera esse bloco para que fique exatamente da mesma largura do elemento no qual está inserido; não permite que itens sejam colocados na mesma linha.

- *display:inline* – exibe o conteúdo reservando exatamente o tamanho do conteúdo, mas ainda pode seguir a regra de largura; no entanto, permite que outros elementos sejam dispostos ao seu lado em linha, criando uma nova linha abaixo quando esses elementos extrapolam a largura do elemento-pai.

- *display: inline-block* – uma mistura dos elementos citados que permite que o conteúdo se ajuste e preserve um espaço seguro com base na largura estipulada. Com ele, conseguimos simular as larguras de cada item da lista de músicas. Veja na imagem a seguir como cada div se comportou em largura com o *display:inline-block*:

- *display:flex* – se o CSS é revolucionário, podemos dizer que o *flex-box design* foi uma revolução dentro de outra. O *flex-box* ou *display:flex* permite ajustar o conteúdo com flexibilidade, possibilitando resultados incríveis de alinhamento de itens com um código menos extenso. O *display:flex* é tão poderoso que ganhou um grupo de propriedades do CSS específicas, como *flex-direction*, *flex-wra*, *flex-basis*, entre outras. Vamos utilizá-lo adiante.

- *display:none* – simplesmente oculta os elementos sem deixar rastros. Diferentemente da propriedade *visibility*, que ainda mantém o espaço do elemento, o *display* tira esse espaço da tela, o que é útil quando tentamos ocultar e exibir itens, como faremos adiante.

Para começar a atividade, vamos duplicar os arquivos HTML e CSS usados na última atividade. Copie os arquivos e renomeie-os como *display.html* e *display.css*, respectivamente.

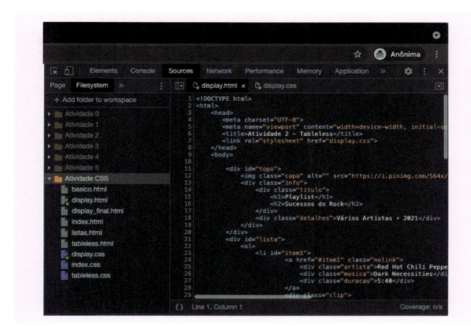

Agora, vamos alterar nosso projeto. Primeiro, transformaremos cada linha da lista em link, para que possamos clicar em cada música, e verificaremos como abrir um pop-up (pequenas janelas sobre o conteúdo principal) com os dados da música e a capa do álbum.

```html
<!DOCTYPE html>
<html>
    <head>
    ...
    </head>
    <body>
    ...
        <div id="lista">
            <ol>
                <li id="item1">
                    <a href="#item1">
                        <div class="artista">Red Hot Chili Peppers</div>
                        <div class="musica">Dark Necessities</div>
                        <div class="duracao">5:40</div>
                    </a>
                </li>
                ...
            </ol>
        </div>
    </body>
</html>
```

O resultado será este:

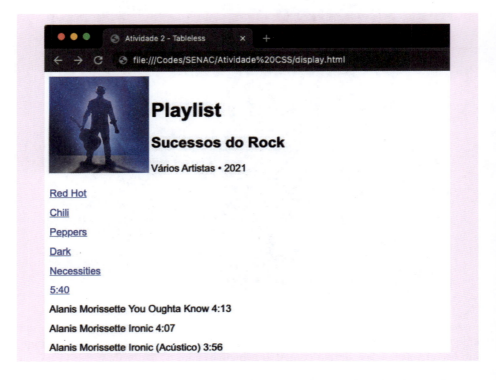

Observe que todos os elementos de dentro da tag <li> foram colocados dentro de uma tag <a>, que tem uma âncora para *item1*. Aprendemos sobre as âncoras na atividade 3; sobre os links, no capítulo 2. Uma âncora HTML tanto se refere a uma tag <a> com o atributo *name* como a qualquer elemento com o atributo *id*; por esse motivo, demos à tag <li> o atributo *id* com o valor *item1*, igual ao que inserimos no link.

Isso permitirá que usemos no CSS outros pseudoelementos de status. Da mesma forma que utilizamos o *:hover* para marcar a situação de *mouseover* do exercício anterior, usaremos agora o *:target* e pintaremos a cor de fundo da linha quando ela receber um clique.

```
...
#lista > ol > li:target {
    background-color: #d4c6ed;
}
```

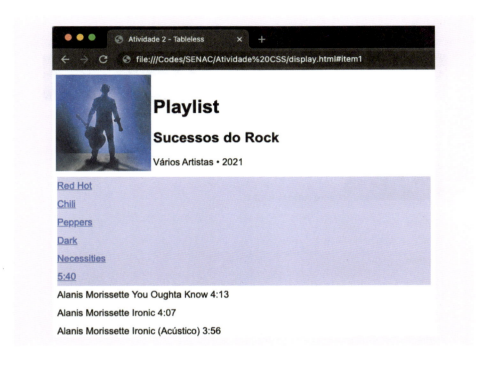

O pseudoelemento *:target* é ativado quando o elemento é o alvo (*target*) de uma ação como o link. Observe no endereço que ele foi alterado para *display.html#item1*.

Outro ponto que ficou estranho com essa mudança foi o alinhamento dos elementos *div.artista*, *div.musica* e *div.duracao*. Isso ocorreu porque não modificamos nosso CSS para que o código entendesse que os elementos agora estão dentro de uma tag <a>. Vamos corrigir isso e aproveitar para aplicar a tag <a> nas demais linhas.

No CSS, vamos também deixar a lista com visual mais interessante, removendo o sublinhado dos links e aplicando neles novamente a cor preta.

```
#lista > ol > li > a .artista{
    width: 40%;
}
#lista > ol > li > a .musica{
    width: 40%;
}
#lista > ol > li > a .duracao{
    width: 20%;
    text-align: right;
}

...

#lista > ol > li > a {
    text-decoration: none;
    color: #333;
}
```

O resultado:

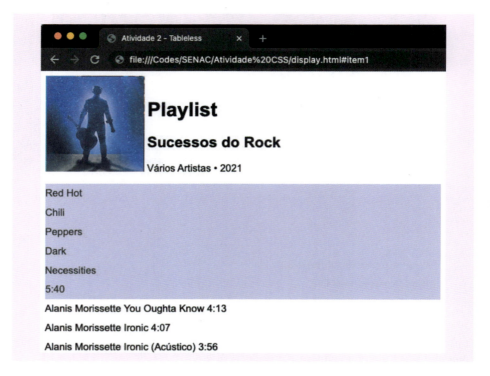

Talvez você tenha percebido que não bastou alterar os seletores, uma vez que a tag <a> tem como padrão uma propriedade *box-sizing:content*, que se ajusta à largura mínima do conteúdo. Como estamos estudando a propriedade *display*, resolveremos essa exibição com o *display:flex*, que possibilita alinhar todas os tags pela largura, e adicionaremos a propriedade *flex-wrap:wrap*, o que permitirá, após alcançar 100%, que o próximo item continue a ocupar o espaço correto, na linha de baixo. Qual seria esse próximo conteúdo? Que tal colocarmos mais uma vez os dados da música e a foto do artista?

Chamaremos essa div de *clip* e repetiremos as divs *.artista*, *.musica* e *.duração*. Além disso, adicionaremos uma tag <a> com a *class link*, e tudo isso dentro de uma div de *class info*. Veja:

```
...
#lista > ol > li .clip > .info {
    display: inline-block;
    width: 70%;
}

#lista > ol > li .clip > img {
    width: 30%;
    margin-right: 10px;
}
```

```html
<!DOCTYPE html>
<html>
    <head>
    ...
    </head>
    <body>
    ...
        <div id="lista">
            <ol>
                <li id="item1">
                    <a href="#item1" class="nolink">
                        <div class="artista">Red Hot Chili Peppers</div>
                        <div class="musica">Dark Necessities</div>
                        <div class="duracao">5:40</div>
                    </a>
                    <div class="clip">
                        <img src="recursos/rock_c.jpeg" alt=""/>
                        <div class="info">
                            <div class="artista">Red Hot Chili Peppers</div>
                            <div class="musica">Dark Necessities</div>
                            <div class="duracao">5:40</div>
                            <a class="link" href="https://www.youtube.com/watch?v=Q0oIoR9mLwc">ouça agora</a>
                        </div>
                    </div>
                </li>
                ...
            </ol>
        </div>
    </body>
</html>
```

O resultado no navegador deve ficar assim:

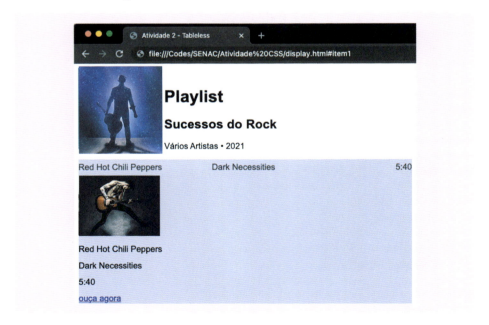

Fora algum desalinhamento no conteúdo do *div.clip*, que agora sabemos como resolver com o *display:inline-block* ou *display:flex*, nossa intenção é mostrar os dados do artista e da música somente no que está selecionado após clicarmos no link.

Vamos usar então outro valor da propriedade *display*, o *none*. Basicamente, queremos que, por padrão, o *div.clip* apareça somente quando o usuário clicar no conteúdo, ou seja, por padrão, ele será *display:none*; para o clique, usaremos o *display:flex* (mas poderíamos também usar o *display:inline-block*).

```
#lista > ol > li .clip {
    display: none !important;
}

#lista > ol > li:target > .clip{
    display: flex !important;
    padding: 10px;
}

#lista > ol > li .clip > .info {
    display: inline-block;
    width: 70%;
}

#lista > ol > li .clip > img {
    width: 30%;
    margin-right: 10px;
}
```

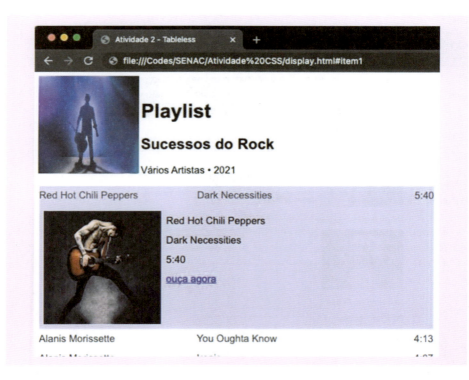

Faça novos testes clicando nos outros elementos. Veja que interessante: o que acabamos de fazer foi mais uma vez criar interações inteligentes apenas usando CSS e HTML. Entretanto, o que queremos ainda está um pouco distante: o objetivo é que esse painel com as informações apareça como pop-up. Para isso, vamos entender sobre posicionamento.

position

O posicionamento é tão importante para o CSS que, mesmo com poucos valores, você verá que esse recurso é muito poderoso. Agora, vamos explorar cada um desses valores antes de prosseguir.

- *position:relative* – determina que a posição do elemento é relativa ao elemento-pai. Isso o mantém preferencialmente dentro da área ocupada pelo elemento-pai; no entanto, podem-se utilizar valores negativos nas propriedades *top*, *bottom*, *left* e *right* (topo, rodapé, esquerda e direita, respectivamente). O elemento com *position:relative* também ocupa espaço no elemento-pai, e, assim, os elementos posteriores e anteriores são deslocados por ele.

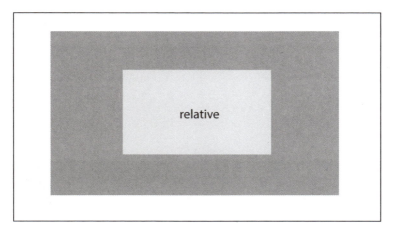

- *position:absolute* – determina que a posição do elemento é absoluta em relação ao elemento-pai, o que o mantém preferencialmente dentro da área ocupada pelo elemento-pai; no entanto, podem-se utilizar valores negativos nas propriedades *top*, *bottom*, *left* e *right*. O elemento com *position:absolute não* ocupa espaço no elemento-pai; assim, os elementos posteriores e anteriores não são deslocados por ele, que pode permanecer sobreposto aos demais elementos próximos.

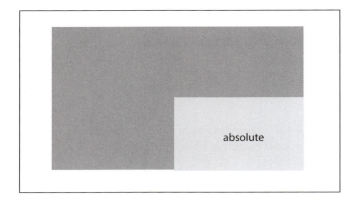

- *position:fixed* – determina que a posição do elemento é fixa na área do navegador, ignorando, assim, os limites do elemento-pai. Uma de suas características é que não ocupa espaço, ou seja, não desloca nenhum elemento próximo e permanece sobreposto aos demais elementos da tela, independentemente de onde estejam.

Agora, vamos utilizar os posicionamentos para criar nosso pop-up com os detalhes da música e do artista. O primeiro passo é destacar o *div.clip* com posição fixa nos demais elementos da tela, mas somente quando for o alvo (*:target*) da ação.

```
#lista > ol > li:target > .clip{
    display: flex !important;
    padding: 10px;
    position: fixed;
}
```

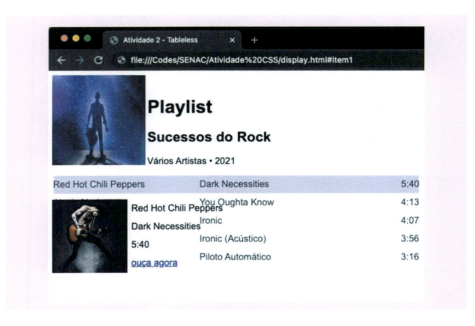

O resultado não foi tão interessante, uma vez que o *clip* não tem cor de fundo e o texto se sobrepôs ao de trás. Corrigiremos isso e também, para ver o tamanho da *div.clip*, adicionaremos uma borda usando um *shorthand* para essa propriedade. *Shorthand* são atalhos de código em CSS usados para definir uma série de propriedades em apenas uma linha; no caso da borda, usaremos a propriedade *border*, que, de uma só vez, atribui valores das propriedades *border-width*, *border-style* e *border-color*. Para isso, insere-se um espaço entre cada valor.

```
#lista > ol > li:target > .clip{
    display: flex !important;
    padding: 10px;
    position: fixed;
    background-color: #ddeeff;
    border: 1px solid #333;
}
```

O resultado:

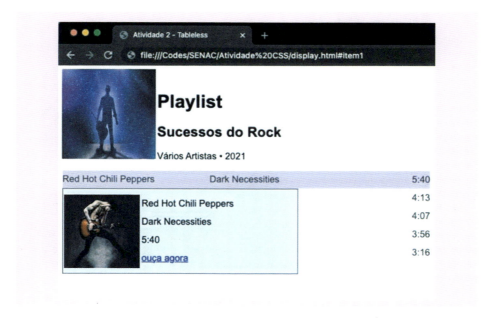

Para ajustar, vamos testar o uso das propriedades que ajudam no posicionamento dos elementos *top*, *bottom*, *left* e *right*. Essas propriedades são importantes sobretudo com um elemento posicionado de forma fixa.

Vamos colocar nosso pop-up com 10% do topo da altura total da página (*top:10%*) e 50% do canto esquerdo, para centralizar (*left:50%*). Vejamos o que acontece.

```
#lista > ol > li:target > .clip{
    display: flex !important;
    padding: 10px;
    position: fixed;
    background-color: #ddeeff;
    border: 1px solid #333;
    top:10%;
    left:50%;
}
```

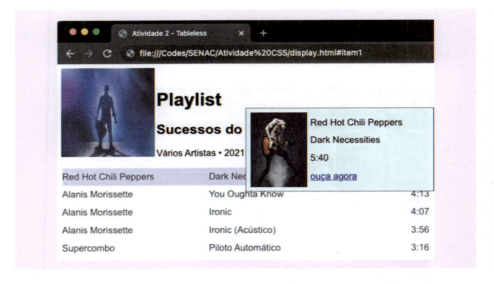

O resultado ficou um tanto desalinhado do centro, como esperado, uma vez que, ao colocarmos 50% da esquerda, o navegador orientou-se pelo lado esquerdo do elemento, e não pelo centro dele. Para que encaixe da maneira correta, aprenderemos a usar uma função CSS chamada *calc*, que ajuda a calcular de forma dinâmica no CSS mesmo que as medidas sejam diferentes.

Ao alinhar ao centro nosso elemento com os dados da música, a intenção é calcular 50% da esquerda e eliminar metade da largura do elemento, o qual, entretanto, não tem largura fixa, de modo que não é possível saber a medida. Além disso, caso fizéssemos 50%-50%, o navegador consideraria 50% da mesma referência, que, nesse caso, é a largura da tela, já que nosso elemento está com posicionamento fixo.

Assim, vamos definir uma largura para o elemento *div.clip* em 70vw (70% da largura do *viewport*). Desse modo, alinharemos o elemento a 50% da esquerda da tela e removeremos metade da largura do elemento, ou seja, 35vw, ficando *calc(50% − 35vw)*.

Vejamos o raciocínio e a aplicação do cálculo:

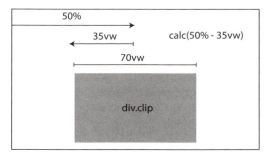

Aplicando no código:

```
#lista > ol > li:target > .clip{
    display: flex !important;
    padding: 10px;
    position: fixed;
    background-color: #ddeeff;
    border: 1px solid #333;
    top:10%;
    width: 70vw;
    left:calc(50% - 35vw);
}
```

O resultado:

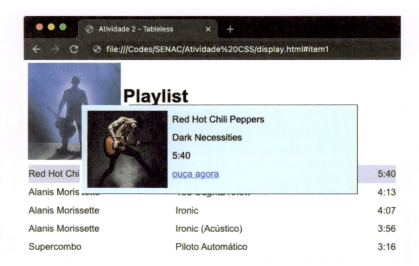

Uau! Agora, sim, nossa página está bem interessante, mas ainda faremos alguns retoques. Para isso, adicionaremos ao HTML duas tags: uma para ter um efeito de fundo e outra para adicionar um botão de fechar no pop-up.

Na *div.clip*, adicionaremos um link, uma tag <a>, que chamaremos de *close* para não confundir com a outra tag <a>, que nos redireciona à música no YouTube. Acima da *div.clip*, no mesmo nível, acrescentaremos uma tag <div> chamada *overlay*, que é a forma como você encontrará esse efeito em outros sites.

```html
<!DOCTYPE html>
<html>
    <head>
    ...
    </head>
    <body>
    ...
        <div id="lista">
            <ol>
                <li id="item1">
                    <a href="#item1">
                        <div class="artista">Red Hot Chili Peppers</div>
                        <div class="musica">Dark Necessities</div>
                        <div class="duracao">5:40</div>
                    </a>
                    <div class="overlay"></div>
                    <div class="clip">
                        <a href="display.html" class="close" title="fechar">X</a>
                        <img src="recursos/rock_c.jpeg" alt=""/>
                        <div class="info">
                            <div class="artista">Red Hot Chili Peppers</div>
                            <div class="musica">Dark Necessities</div>
                            <div class="duracao">5:40</div>
                            <a class="link" href="https://www.youtube.com/watch?v=Q0oIoR9mLwc">ouça agora</a>
                        </div>
                    </div>
                </li>
                ...
            </ol>
        </div>
    </body>
</html>
```

O resultado:

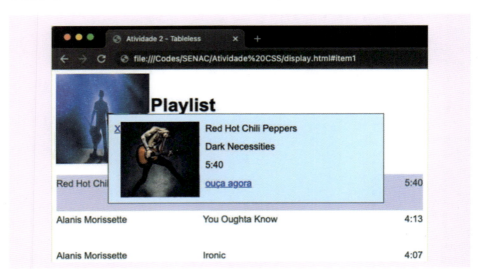

Utilizaremos os conhecimentos adquiridos para posicionar o botão "X" (*a.close*), para fechar janelas, no canto superior direito; também faremos o *overlay* ocupar toda a tela de fundo com uma cor usando as propriedades *width* e *height* em 100%.

```css
#lista > ol > li:target > .overlay {
    width: 100%;
    height: 100%;
    position: fixed;
    background-color: #333333;
    top: 0;
    left: 0;
}

#lista > ol > li:target > .clip > a.close {
    position: absolute;
    right: 0px;
    top: 0px;
}
```

O resultado fica interessante. Faltam apenas alguns ajustes para ficar ainda mais bonito.

Vamos aproveitar para aprender mais algumas propriedades do CSS aplicando-as aos novos elementos. Iniciaremos pelo *a.close*.

Nele, aplicaremos as propriedades que aprendemos antes, *text-decoration*, *color* e *background-color*, e alteraremos os posicionamentos *right* e *top* usando valores negativos; para sermos certeiros, definiremos a largura e a altura do botão de fechar em 1.2 rem, além da propriedade *text-align* centralizada. Desta vez, aplicaremos novas propriedades, *border-radius* e *line-height*, que ajudarão a dar a aparência de botão ao elemento. Sobre esse botão, você pode perceber que o link dele redireciona à nossa página, *display.html*, mas sem o *#item*, pois a ideia é não apresentar pop-up quando o usuário entrar na página.

```css
#lista > ol > li:target > .clip > a.close {
    position: absolute;
    right: -.6rem;
    top: -.6rem;
    text-decoration: none;
    color: #333;
    background-color: #FFF;
    width: 1.2rem;
    height: 1.2rem;
    line-height: 1.2rem;
    text-align: center;
    border-radius: 1rem;
}
```

Agora, vamos alterar o *div.overlay* acrescentando a propriedade *opacity*, para que possamos ver o que está por trás do fundo escuro. Essa propriedade trabalha com valores de 0 até 1, passando por casas decimais até o grau de transparência. Prefiro imaginar 1 sendo igual a 100% e 0 igual a 0%. No caso, deixaremos a transparência em 40%, ou 0,4.

```
#lista > ol > li:target > .overlay {
    width: 100%;
    height: 100%;
    position: fixed;
    background-color: #333333;
    top: 0;
    left: 0;
    opacity: .4;
}
```

O resultado é este:

Se tudo deu certo, agora você pode abrir e fechar cada item da lista sem maiores problemas.

Você deve ter percebido que os elementos que criamos de forma correta foram posicionados um sobre o outro, mas, dependendo da complexidade do código HTML e CSS, isso poderia não ter ocorrido. Para organizar, poderíamos usar a propriedade *z-index*, que, assim como o *top*, *bottom*, *right* e *left*, que navegam nos eixos x e y, permite navegação no eixo z (profundidade).

Cada elemento que inserimos teve a posição colocada no eixo Z da seguinte forma:

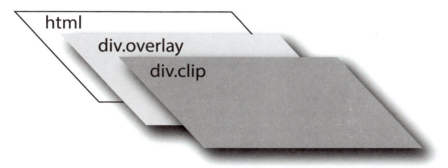

Entretanto, podemos renumerá-los e fazer alterações com a propriedade *z-index*. Você pode fazer novos testes colocando o *overlay* como *z-index:100* e ver o que acontece. Depois, essa propriedade é removida para fecharmos a atividade com um pouco de *background*.

```
#lista > ol > li:target > .overlay {
    width: 100%;
    height: 100%;
    position: fixed;
    background-color: #333333;
    top: 0;
    left: 0;
    opacity: .4;
    z-index: 100;
}
```

background

Agora que aprendemos bastante sobre o posicionamento no CSS, vamos aproveitar esta atividade e conhecer melhor o poder do *background* no CSS.

Podemos tanto criar um fundo de cor sólida, como fizemos, e aplicar um pouco de transparência, quanto aplicar gradientes e inserir imagens que se autoajustam.

Primeiro, vamos entender o gradiente. Queremos o seguinte resultado:

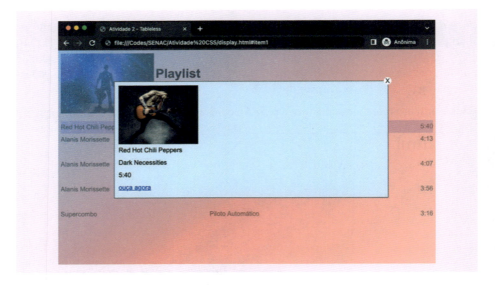

Para isso, utilizaremos o seguinte CSS no *div.overlay*:

```
#lista > ol > li:target > .overlay {
    width: 100%;
    height: 100%;
    position: fixed;
    background-color: #333333;
    top: 0;
    left: 0;
    opacity: .6;
    background: linear-gradient(324deg, rgba(249,181,171,1) 0%, rgba(226,59,81,1) 52%, rgba(101,154,210,1) 100%);
}
```

Nesse código CSS, aplicamos a função de cor *linear-gradient()*, composta de alguns parâmetros diferentes da função *calc* que utilizamos anteriormente, a qual tinha como parâmetro apenas os valores a serem calculados. Cada parâmetro da função *linear-gradient* é separado por uma vírgula. A estrutura é *linear-gradient(ângulo, cores percentual)* – repare que nesse exemplo usamos uma função também para cor, que, como vimos, é definida no padrão RGB. A função *rgb()* tem como parâmetros as intensidades das três cores, com valores entre 0 e 255.

Em outras palavras, definimos que será criado um gradiente inclinado a 324º (deg = *degrees*), com a primeira cor começando em 0%, a segunda em 52%, e a terceira em 100%.

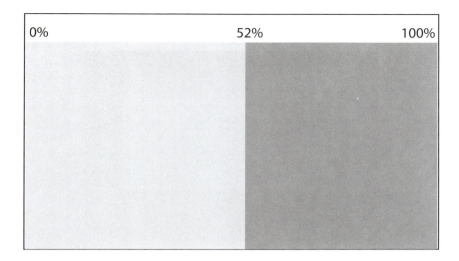

Assim como a função *linear-gradient()*, ainda temos a possibilidade de usar o *radial--gradient()*, que segue a mesma configuração dos parâmetros.

Agora, vamos trocar nosso fundo por uma imagem; para isso, mudaremos o HTML da *div.overlay* e, com o atributo *style*, adicionaremos a propriedade *background-image* ao valor por meio de uma função de endereçamento *url()*.

```html
<!DOCTYPE html>
<html>
    <head>
        ...
    </head>
    <body>
        ...
        <div id="lista">
            <ol>
                <li id="item1">
                    ...
                    <div class="overlay" style="background-image: url(recursos/rock_c.jpeg);"></div>
                    ...
                </div>
    </body>
</html>
```

Quando você atualizar a página no navegador, o resultado deve ser este:

Ainda podemos manipular bastante a imagem usando as propriedades específicas de background no CSS. Vamos começar com o *background-repeat* com o valor *repeat-x*, que indica ao navegador que a imagem deve ser repetida somente no eixo x.

```
#lista > ol > li:target > .overlay {
    width: 100%;
    height: 100%;
    position: fixed;
    background-color: #333333;
    top: 0;
    left: 0;
    opacity: .6;
    background-repeat: repeat-x;
}
```

O resultado deve ser este:

Agora, vamos repetir somente no eixo y, com *repeat-y*.

```
#lista > ol > li:target > .overlay {
    width: 100%;
    height: 100%;
    position: fixed;
    background-color: #333333;
    top: 0;
    left: 0;
    opacity: .6;
    background-repeat: repeat-y;
}
```

O resultado:

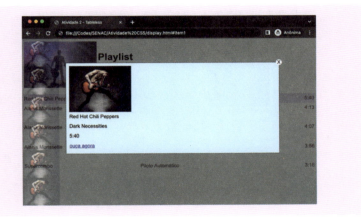

Por fim, vamos interromper a repetição, com *no-repeat*.

```
#lista > ol > li:target > .overlay {
    width: 100%;
    height: 100%;
    position: fixed;
    background-color: #333333;
    top: 0;
    left: 0;
    opacity: .6;
    background-repeat: no-repeat;
}
```

Se quisermos que uma imagem de fundo fique borrada e ocupe a tela inteira, vamos utilizar duas propriedades novas do CSS, a *background-size* e a *filter*.

A *background-size* define o tamanho da imagem de fundo e pode ser usada com medidas relativas ou totais, como % e px, respectivamente. Existem, ainda, valores especiais, como o *cover* e o *contain*. Com o *cover*, a imagem fica com a largura total do elemento e é repetida no eixo x, dependendo do tamanho da tela. A repetição pode ser interrompida usando-se o *background-repeat*, com o valor *no-repeat*. Já o *contain* faz o navegador encontrar a largura ou altura ideal para a imagem e pode, assim, recortar uma parte dela, para que caiba 100% na largura.

O resultado com o *contain* ficará assim:

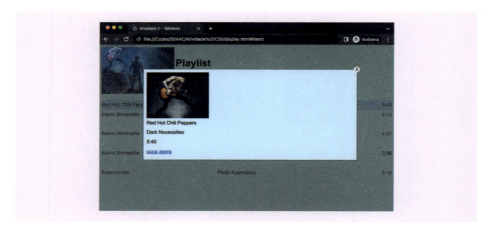

A propriedade *filter* permite que diversas funções especiais do CSS sejam utilizadas, como alteração de saturação, preto e branco, efeito envelhecido e outras. No nosso caso, usaremos o efeito de desfoque, ou *blur()*. Como função, permite um parâmetro e, neste exemplo, uma medida de desfoque, que colocaremos em pixels.

```css
#lista > ol > li:target > .overlay {
    width: 100%;
    height: 100%;
    position: fixed;
    background-color: #333333;
    top: 0;
    left: 0;
    opacity: .6;
    background-size: contain;
    filter: blur(10px);
}
```

Atividade 4 – Forms

O HTML é uma ferramenta poderosa para a construção de todo tipo de conteúdo para a internet. Como vimos, o acesso pode ser feito de diversas maneiras. Entre as soluções, podemos construir conteúdos, como formulários, e assim gerar sistemas grandes e complexos, como um site de e-commerce ou mesmo uma página para cadastro de doação e adoção de *pets*, por exemplo.

Organizar um formulário pode ser tedioso e complexo quando se usa uma tabela. Por isso, esperamos até este momento para apresentar as tags de *forms*, uma vez que, com o *display:flex* ou outras técnicas de CSS, é muito mais simples chegar a um resultado visual interessante.

Antes de começar, vamos escrever nosso HTML básico e um CSS para acompanhá-lo, nomeando-os, respectivamente, de *form.html* e *form.css*.

Mas o que são forms?

É necessário entender que todos os formulários têm uma tag, que, no nosso caso, é a <form>. Essa tag é poderosa, uma vez que pode agrupar o conteúdo de um formulário e enviá-lo a um servidor, permitindo que ele utilize outras linguagens, como Node.js, PHP, Java e Go, e atue na manipulação dos dados de um formulário.

Em nosso caso, como não estamos conversando com servidores, vamos nos ater apenas a compreender como os atributos atuam com a tag <form>.

O primeiro desses atributos é o *method*, que comunica ao navegador como queremos enviar os dados, se expostos ou ocultos. Para os dados expostos, usamos o valor *GET (method="get")*, e, para os ocultos, *POST (method="post")*. É comum o envio oculto por POST para servidores; dessa forma, mantemos o segredo dos dados sobretudo se estivermos em uma página segura com HTTPS, por exemplo.

O segundo atributo é o *action*, que é basicamente o endereço do servidor que processará o formulário (por exemplo, action="https://meuform.com.br/formulario.php").

Nesta atividade, vamos usar somente a tag <form>, sem nenhum atributo.

```
<!DOCTYPE html>
<html>
    <head>
        <meta charset="UTF-8">
        <meta name="viewport" content="width=device-width, initial-scale=1.0">
        <title>Atividade 4 - Form</title>
        <link rel="stylesheet" href="form.css">
    </head>
    <body>

    <form>
        <h1>Doação/Adoção de pets</h1>

    </form>
    </body>
</html>
```

O resultado no navegador deverá ficar assim:

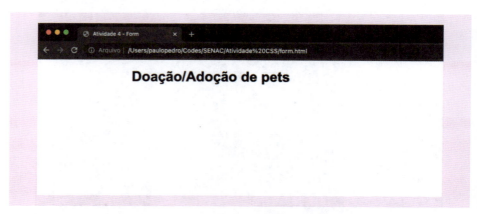

Um formulário pode ser composto por um grande número de diferentes tipos de campos, desde campos para incluir um nome (*text*) até para selecionar itens (*select*). Não podemos esquecer que, no final, será preciso enviar esse formulário clicando em um botão (*submit*).

A maioria dos campos é ativada pela tag <input>, que se difere basicamente pelo atributo *type*. Vale lembrar que usamos em outra atividade o *input type="checkbox"*.

Todo campo de formulário precisa de um atributo, para identificá-lo para o servidor, e de outra tag, para identificá-lo visualmente para o usuário. O atributo é o *id*. Todo *id* deve ser único ao navegador; caso você precise de mais de um campo com o mesmo nome, você deve utilizar o *name*.

A tag que usaremos para apoio visual (e também para acessibilidade) é a tag <label>, que tem um atributo que a relaciona ao campo pelo seu *id*.

Para começar a colocar em prática tudo isso, adicione o código a seguir ao seu HTML e teste no navegador.

```html
<!DOCTYPE html>
<html>
    <head>
        <meta charset="UTF-8">
        <meta name="viewport" content="width=device-width, initial-scale=1.0">
        <title>Atividade 4 - Form</title>
        <link rel="stylesheet" href="form.css">
    </head>
    <body>

    <form>

        <h1>Doação/Adoção de pets</h1>

        <div>
            <label for="text">Nome do doador/tutor</label>
            <input type="text" id="text" name="text">
        </div>

    </form>

    </body>
</html>
```

O resultado deve ser parecido com este:

Entretanto, como este é um capítulo de CSS, vamos fazer algumas mudanças visuais.

Para isso, esperamos que nosso formulário tenha os campos agrupados por <div>, como foi colocado no modelo de código, e queremos que o *label* ocupe 30% da largura do formulário e este ocupe 90% da tela, alinhando-se ao meio dela.

Vamos então usar o *display:flex*, que permite comunicar ao navegador que os itens devem ser alinhados de forma mais dinâmica, sem que seja preciso mencionar a largura de todos os elementos.

Por fim, para que os campos não fiquem tão juntos aos *labels*, adicionaremos um espaço (*gap*) entre eles.

```css
*{
    font-family: Arial, Helvetica, sans-serif;
}

form {
    width: 90%;
    margin: 0 auto;
}

div {
    margin-bottom: 20px;
    display: flex;
    justify-content: space-between;
    align-items: center;
    gap:5px;
}

label, input{
    font-size: 14px;
    line-height: 1.5
}

label {
    text-align: right;
    width: 30%;
    margin-right: 2%;
}

input{
    flex: auto;
}
```

O resultado deve ficar assim:

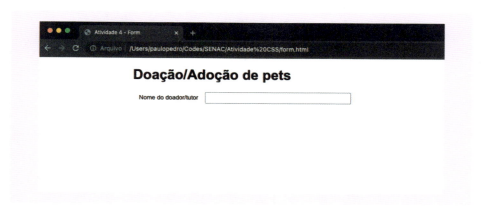

Agora, vamos focar os campos; conforme forem aparecendo novos campos montados de outras tags, alteraremos o CSS para que compreenda todos eles.

Nosso próximo campo é o *password*, o campo de senha. Não importa o que se escreva nele; sempre aparecerão asteriscos no lugar dos valores digitados.

```html
<!DOCTYPE html>
<html>
    ...
    <form>

        <h1>Doação/Adoção de pets</h1>

        <div>
          <label for="text">Nome do doador/tutor</label>
          <input type="text" id="text" name="text">
        </div>
        <div>
          <label for="pwd">Senha de acesso</label>
          <input type="password" id="pwd" name="pwd">
        </div>

    </form>

    </body>
</html>
```

O resultado no navegador deve ser assim:

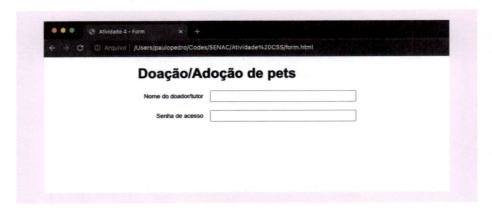

Nosso próximo campo será o de e-mail; o interessante é que esse campo ajuda na validação dos dados sem que, para isso, precisemos adicionar scripts complexos.

```
<!DOCTYPE html>
<html>
    ...

    <div>
      <label for="text">Nome do doador/tutor</label>
      <input type="text" id="text" name="text">
    </div>
    <div>
      <label for="pwd">Senha de acesso</label>
      <input type="password" id="pwd" name="pwd">
    </div>
    <div>
      <label for="email">E-mail </label>
      <input type="email" id="email" name="email">
    </div>

    </form>
  </body>
</html>
```

O resultado no navegador deve ficar assim:

O último campo dessa parte aparentemente sem graça é o *number*, que permite bloquear a digitação de letras. O interessante é que nesse campo podemos definir, com a ajuda de atributos, alguns recursos interessantes, como o valor mínimo e máximo, usando, respectivamente, *min* e *max*. Além disso, podemos definir o *step*, ou seja, o passo para aumento ou redução dos valores.

```html
<!DOCTYPE html>
<html>
    ...

    <div>
      <label for="text">Nome do doador/tutor</label>
      <input type="text" id="text" name="text">
    </div>
    <div>
      <label for="pwd">Senha de acesso</label>
      <input type="password" id="pwd" name="pwd">
    </div>
    <div>
      <label for="email">E-mail </label>
      <input type="email" id="email" name="email">
    </div>
    <div>
      <label for="idade">Idade do pet (meses) </label>
      <input type="number" name="idade" id="idade" min="0" max="48" step="6"
value="0">
    </div>

  </form>

  </body>
</html>
```

No navegador, a tela deve ficar como mostra a imagem a seguir. Aproveite para testar o *step* clicando para cima e para baixo para entender melhor o funcionamento desses atributos.

Os próximos campos que ainda usarão a tag <input> são os de seleção múltipla e exclusiva, respectivamente *checkbox* e *radio*, os quais têm uma característica interessante, que é o agrupamento usando o atributo *name*.

Imagine que, como no exemplo a seguir, as vacinas de um *pet* componham um grupo, e as raças, outro grupo. Para que o usuário selecione o grupo certo e este seja enviado ao servidor da forma correta, cada grupo (vacinas ou raças) deve estar com o mesmo atributo *name*.

```html
<!DOCTYPE html>
<html>
    ...

    <div>
      <label for="vacina">Vacinas </label>
      <input type="checkbox" value="v8" name="vacina"> v8
      <input type="checkbox" value="v10" name="vacina"> v10
      <input type="checkbox" value="giardia" name="vacina"> Giárdia
      <input type="checkbox" value="gripe" name="vacina"> Gripe
      <input type="checkbox" value="anti-rabica" name="vacina"> Antirrábica
    </div>
    <div>
      <label for="castracao">Castrado</label>
      <input type="radio" value="sim" name="castracao"> sim
      <input type="radio" value="nao" name="castracao"> não
    </div>
  </form>

  </body>
</html>
```

Observe que o campo "Vacinas" tem cinco *checkboxes* com o atributo *name="vacina"*, enquanto o campo "Castrado" tem dois *radio* com o atributo *name="castracao"*; isso permite que o navegador agrupe os valores e envie ao servidor a informação correta.

154 – HTML e CSS

O resultado deve ser este:

Doação/Adoção de pets

Nome do doador/tutor

Senha de acesso

E-Mail

Idade do pet (meses)

Vacinas ☑ v8 ☐ v10 ☑ Giárdia ☐ Gripe ☐ Antirrábica

Castrado ⦿ sim ○ não

Os campos baseados na tag <input> têm um atributo importante, o *value*, usado para indicar o valor inicial do campo. Esse valor ficará visível e pode ser editado pelo usuário.

Realize as alterações a seguir e teste no navegador.

```html
<!DOCTYPE html>
<html>
    ...
    <form>
      <h1>Doação/Adoção de pets</h1>
      <div>
        <label for="text">Nome do doador/tutor</label>
        <input type="text" id="text" name="text" value="Nome Sobrenome">
      </div>
      <div>
        <label for="pwd">Senha de acesso</label>
        <input type="password" id="pwd" name="pwd" value="10101010">
      </div>
      <div>
        <label for="email">E-mail </label>
        <input type="email" id="email" name="email" value="test@dominio.com">
      </div>
      <div>
        <label for="idade">Idade do pet (meses) </label>
        <input type="number" name="idade" id="idade" min="0" max="48" step="6" value="0">
      </div>
      <div>
        <label for="vacina">Vacinas </label>
        <input type="checkbox" value="v8" name="vacina" checked> v8
        <input type="checkbox" value="v10" name="vacina"> v10
        <input type="checkbox" value="giardia" name="vacina" checked> Giárdia
        <input type="checkbox" value="gripe" name="vacina"> Gripe
        <input type="checkbox" value="anti-rabica" name="vacina"> Antirrábica
      </div>
      <div>
        <label for="castracao">Castrado</label>
        <input type="radio" value="sim" name="castracao" checked> sim
        <input type="radio" value="nao" name="castracao"> não
      </div>
    </form>
    </body>
</html>
```

Observe que, para os campos *radio* e *checkbox*, foi definido o atributo *checked* para demonstrar qual está selecionado e qual não está.

O resultado deve ser este:

Doação/Adoção de pets

Nome do doador/tutor	Nome Sobrenome
Senha de acesso	·········
E-Mail	teste@dominio.com.br
Idade do pet (meses)	0

Vacinas ☑ v8 ☐ v10 ☑ Giárdia ☐ Gripe ☐ Antirrábica

Castrado ◉ sim ○ não

Para os campos textuais, podemos também utilizar a opção de adicionar um texto, sem que seja possível ao usuário editá-lo, por meio do atributo *placeholder*. Esse atributo é normalmente utilizado para indicar alguma instrução de preenchimento ao usuário.

Vamos testar:

```
<!DOCTYPE html>
<html>
    ...

    <form>

      <h1>Doação/Adoção de pets</h1>

      <div>
        <label for="text">Nome do doador/tutor</label>
        <input type="text" id="text" name="text" placeholder="preencha com nome
completo">
      </div>
      <div>
        <label for="pwd">Senha de acesso</label>
        <input type="password" id="pwd" name="pwd" placeholder="senha com 6 dígitos">
      </div>
      <div>
        <label for="email">E-mail </label>
        <input type="email" id="email" name="email" placeholder="digite um e-mail
válido">
      </div>
      <div>
        <label for="idade">Idade do pet (meses) </label>
        <input type="number" name="idade" id="idade" min="0" max="48" step="6"
value="0">
      </div>
      <div>
        <label for="vacina">Vacinas </label>
        <input type="checkbox" value="v8" name="vacina"> v8
        <input type="checkbox" value="v10" name="vacina"> v10
        <input type="checkbox" value="giardia" name="vacina"> Giárdia
```

```
        <input type="checkbox" value="gripe" name="vacina"> Gripe
        <input type="checkbox" value="anti-rabica" name="vacina"> Antirrábica
      </div>
      <div>
        <label for="castracao">Castrado</label>
        <input type="radio" value="sim" name="castracao"> sim
        <input type="radio" value="nao" name="castracao"> não
      </div>

    </form>

    </body>
</html>
```

O resultado deve ser este:

Seguindo com os campos de formulário, vamos aos campos de seleção, mas, em vez do *checkbox* e do *radio*, que usam a tag <input>, usaremos a tag <select>, que cria um campo de seleção chamado *combo box* ou *drop down*. A tag <option> é filha da tag <select> e serve para representar as opções do *combo box*. Ela utiliza o atributo *value* e o *selected* para representar o valor que está selecionado.

Vamos aplicar conforme o exemplo a seguir.

```
<!DOCTYPE html>
<html>
    ...

    <form>
      <h1>Doação/Adoção de pets</h1>
      ...
      <div>
        <label for="tipo">Pet </label>
        <select id="tipo" name="doacao">
          <option value="doacao" selected>Doação</option>
          <option value="adocao">Adoção</option>
        </select>
      </div>
    </form>
    </body>
</html>
```

Antes de testar, vamos adicionar o *select* como seletor do CSS para que possamos ver o *combo box* como os demais campos.

```
...
label, input, select {
    font-size: 14px;
    line-height: 1.5
}
label {
    text-align: right;
    width: 30%;
    margin-right: 2%;
}
input, select{
    flex: auto;
}
```

O resultado deve ser este:

Os campos *combo box* também permitem que múltiplas seleções sejam feitas. Para isso, é preciso utilizar apenas dois atributos, o *mutiple* e o *size*. O *size* aumenta o tamanho da caixa para que seja possível visualizar mais de uma opção.

Para que essa explicação não fique tão simples, vamos aproveitar e conhecer a tag <optgroup>, que tem um atributo *label* para exibir o título desse grupo na lista de opções.

```html
<!DOCTYPE html>
<html>
    ...
    
    <form>
    
        ...
        <div>
          <label for="tipo">Pet </label>
          <select id="tipo" name="doacao">
            <option value="doacao">Doação</option>
            <option value="adocao">Adoção</option>
          </select>
        </div>
        <div>
          <label for="especie">Espécie </label>
          <select id="especie" name="especie" multiple size="4">
              <option value="none" selected>-- Selecione um ou mais --</option>
              <optgroup label="Mamiferos">
                <option value="cao">Cão</option>
                <option value="gato">Gato</option>
                <option value="hamster" disabled>Hamster</option>
              </optgroup>
          </select>
        </div>
    </form>
    
  </body>
</html>
```

O resultado deve ser este:

Nenhum formulário está completo sem um campo de observações, que pode ser adicionado no HTML por meio da tag <textarea>. Vamos aplicá-la e ver no navegador, mas antes vamos alterar o CSS para considerar essa tag nos seletores.

```html
<!DOCTYPE html>
<html>
    ...

    <form>

      ...
      <div>
        <label for="observacoes">Observações </label>
        <textarea name="observacoes"></textarea>
      </div>

    </form>

      </body>
</html>

...

label, input, select {
    font-size: 14px;
    line-height: 1.5
}

label {
    text-align: right;
    width: 30%;
    margin-right: 2%;
}

input, select, textarea{
    flex: auto;
}
```

Doação/Adoção de pets

Nome do doador/tutor	preencha com nome completo
Senha de acesso	senha com 6 dígitos
E-Mail	digite um e-mail válido
Idade do pet (meses)	0
Vacinas	☑ v8 ☐ v10 ☑ Giárdia ☐ Gripe ☐ Antirrábica
Castrado	◉ sim ○ não
Pet	Doação
Espécie	— Selecione um ou mais — / **Mamíferos** / Cão / Gato
Observações	

Vamos criar os botões que permitem o envio do formulário; para isso, usaremos a tag <input>, especificamente com os tipos *submit* e *reset* (o primeiro envia o formulário e o segundo limpa todos os campos).

```
<!DOCTYPE html>
<html>
    ...

    <form>

    ...

        <div>
          <input type="submit" value="Enviar Formulário">
          <input type="reset" value="Limpar Formulário">
        </div>
    </form>

        </body>
</html>
```

O resultado deve ser este:

Por fim, experimente adicionar o atributo *required* nos campos e veja o que acontece ao clicar em *Enviar*.

```
<!DOCTYPE html>
<html>
    ...
    <body>

    <form>

        <h1>Doação/Adoção de pets</h1>

        <div>
          <label for="text">Nome do doador/tutor</label>
          <input type="text" id="text" name="text" required>
        </div>
        <div>
          <label for="pwd">Senha de acesso</label>
          <input type="password" id="pwd" name="pwd" required>
        </div>
        <div>
          <label for="email">E-mail </label>
          <input type="email" id="email" name="email" required>
        </div>
        ....
    </form>

    </body>
</html>
```

Talvez o formulário fique assim:

Atividade 5 – Eu me ajusto muito! Muito!

No início do livro, falei bastante sobre a revolução que a internet representou e como ela foi evoluindo graças ao HTML e ao CSS. Com o salto do smartphone, iniciado pelo iPhone em 2007, tendo hoje tornado esse dispositivo onipresente nos bolsos e nas mãos de milhares de pessoas no mundo todo, a internet e o desenvolvimento web precisaram se reinventar.

O que antes eram páginas criadas para funcionar no desktop agora migrou para a palma da mão, tendo que se adaptar e se ajustar. Esse ajuste, automático ou não, é chamado de responsividade e, no CSS, tornou-se possível com o uso de *media-queryes*.

Media-queryes

As *media-queryes* evoluíram de tempos em tempos, e os parâmetros foram modificados para permitir uma melhor identificação do tipo e do tamanho da tela em que o conteúdo está sendo exibido. Entretanto, de início, as *media-queryes* não foram desenvolvidas para esse fim (lembre-se de que o CSS é anterior à revolução dos smartphones). De fato, elas foram criadas para exibir conteúdos com formatações distintas para cada dispositivo, mas, na época, a ideia era ter uma formatação para impressão, outra para telas, outra para braille, e assim por diante.

Era possível ver o seguinte código em um CSS:

```
@media print {

}
```

Dentro do código, há vários seletores que formataram a página para impressão. No entanto, com a chegada dos smartphones, com telas dos mais diversos tamanhos, a programação CSS ficou mais complexa, de modo que se tornou comum ver códigos como estes em páginas:

```
@media (max-width: 575.98px) {

}
```

ou

```
@media (max-width: 575.98px) {

}

@media (max-width: 760.98px) {

}
```

É difícil definir todas as possibilidades de telas, e alguns desenvolvedores tentam aplicar regras para a maioria delas. Em nosso caso, vamos usar a *max-width: 575.98px* como parâmetro para criar uma versão para celulares da nossa lista de músicas; ao mesmo tempo, vamos mantê-la como está para desktops e telas maiores.

Para isso, vamos duplicar nossos arquivos *display.html* e *display.css* e renomeá-los como *responsivo.html* e *responsivo.css*, respectivamente.

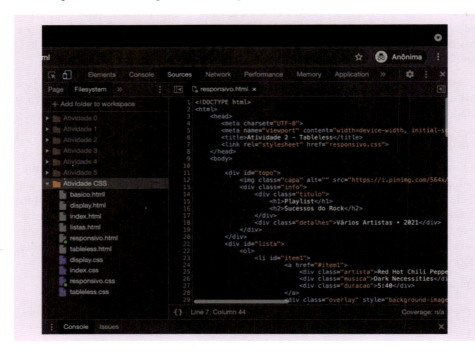

Iniciaremos o CSS compreendendo o uso de *@media-query*. O uso segue a ordem tipo de dispositivo (opcional) e atributos do dispositivo (opcional); por exemplo, *screen* (*min-width: 1000px*) ou *print*, apenas, ou, ainda, *screen*, apenas.

Aqui, usaremos somente um atributo; no caso, *max-width*.

```
@media (max-width: 575.98px) {
    #seletor-a{
        propriedade-a: valor;
        propriedade-b: valor;
    }
    #seletor-b{
        propriedade-a: valor;
        propriedade-b: valor;
    }
}
```

Observe que o *@media* age como um grande seletor que permite que, dentro dele, sejam utilizadas regras específicas para a resolução definida. Comecemos por uma alteração simples: centralizar a capa da playlist e aumentar o tamanho dela para a tela de celulares.

```css
@media (max-width: 575.98px) {
    #topo .capa{
        width: 80%;
        display: block;
        margin: 0 auto;
    }
}
```

No inspetor, podemos verificar que o estilo sobrepõe o estilo anterior com o que está válido na *@media* que criamos.

Compreendido isso, podemos aplicar a mesma alteração na foto do artista, ao clicar em uma música.

```
@media (max-width: 575.98px) {

    #topo .capa{
        width: 80%;
        display: block;
        margin: 0 auto;
    }

    #lista > ol > li:target > .clip > img{
        width: 80%;
        display: block;
        margin: 0 10%;
    }

}
```

Ao clicar nas músicas, teremos o seguinte resultado:

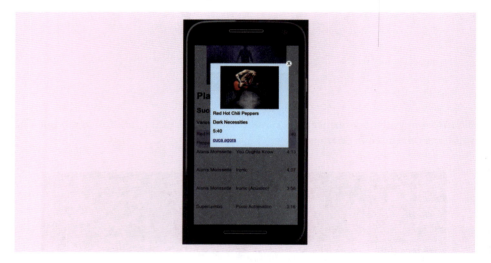

Menus ocultos

Para encerrar nosso tópico de CSS, vamos conhecer o *overflow*, propriedade muito utilizada e que apresenta inúmeras utilidades.

O *overflow* define como um elemento deve se comportar quando o conteúdo dele for maior que o esperado. Suponhamos que eu queira montar um menu oculto (o título deu spoiler…). Uma das técnicas possíveis seria definir uma área visível do conteúdo geral e posicionar o menu em uma área totalmente fora da visão do usuário, como mostram as imagens a seguir:

Menu aberto:

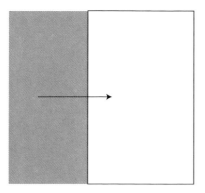

Menu fechado:

Essa técnica também poderia ser um pouco diferente usando o *mouse-over* (pseudoelemento *:hover*) e exibindo os itens de um menu conforme o cursor passasse sobre eles.

Vamos realizar as duas abordagens. Para isso, criaremos os arquivos *menus.html* e *menus.css*. Começaremos com o menu suspenso e a técnica de mouse-over.

Então, vamos escrever nosso código HTML com duas listas não ordenadas <ul>, cada uma com quatro elementos. A segunda lista será parte do segundo item da primeira, desta forma:

```html
<!DOCTYPE html>
<html>
    <head>
        <meta charset="UTF-8">
        <meta name="viewport" content="width=device-width, initial-scale=1.0">
        <title>Atividade 4 - Menus</title>
        <link rel="stylesheet" href="menus.css">
    </head>
    <body>

        <div class="main">

            <ul>
                <li>item a</li>
                <li>item b
                    <ul>
                        <li>item b.1</li>
                        <li>item b.2</li>
                        <li>item b.3</li>
                        <li>item b.4</li>
                    </ul>
                </li>
                <li>item c</li>
                <li>item d</li>
            </ul>

        </div>

    </body>
</html>
```

Vamos adicioná-los em uma *div.main* para organizar melhor o código e nos prepararmos para a segunda abordagem. Ao rodar no navegador, o resultado deverá ser mais ou menos assim:

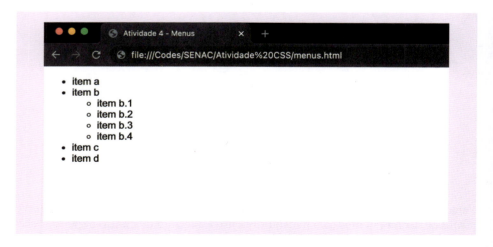

Agora, vamos aplicar o que aprendemos e fazer algumas modificações, colocando os itens do menu um ao lado do outro e removendo o bullet da lista do primeiro nível.

```
*{
    font-family: Arial, Helvetica, sans-serif;
}
ul{
    list-style:none;
}
.main > ul{
    display: flex;
}
.main > ul > li{
    width: 20%;
}
```

O resultado deverá ser este:

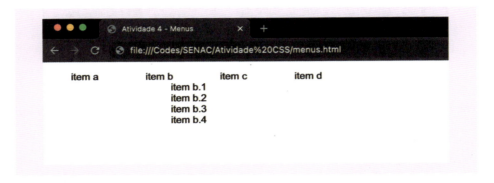

Depois, vamos adicionar os primeiros efeitos de *hover*. Iniciaremos trocando a cor de fundo, com o *background-color*, e, em seguida, ocultaremos o submenu quando o cursor não estiver sobre os itens da lista principal.

```
*{
    font-family: Arial, Helvetica, sans-serif;
}
ul{
    list-style:none;
}
.main > ul{
    display: flex;
}
.main > ul > li{
    width: 20%;
}

ul > li > ul{
    display:none;
}
ul > li:hover{
    background-color: #d9caf7;
}
```

O resultado:

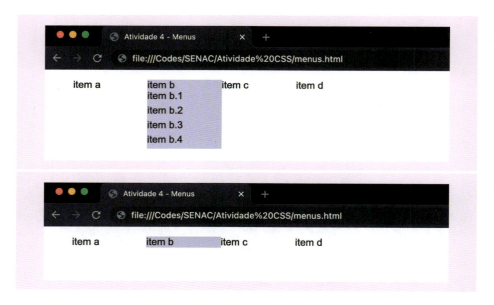

Por fim, vamos adicionar o efeito de aparecer com o menu, alterando a cor de fundo de um item do submenu ao passar o cursor sobre ele.

```
*{
    font-family: Arial, Helvetica, sans-serif;
}
ul{
    list-style:none;
}
.main > ul{
    display: flex;
}
.main > ul > li{
    width: 20%;
}
ul > li > ul{
    display:none;
}
ul > li:hover{
    background-color: #d9caf7;
}
ul > li:hover > ul{
    display:block;
    padding-left:0;
}
ul > li:hover > ul > li{
    min-height: 1.5rem;
}
ul > li:hover > ul > li:hover{
    background-color: #b897f9;
}
```

O resultado:

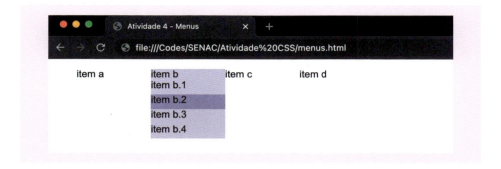

Para uma melhor apresentação, foi adicionada também uma altura mínima aos itens do submenu. Simples, não? Com os conhecimentos adquiridos até agora, você não deverá ter dificuldades em entender ou aplicar nenhum dos conceitos estudados, e, ao fazê-lo, conhecerá outra forma de aplicar esses conhecimentos em recursos de uma interface mais dinâmica e simples, possível com HTML e CSS.

Agora, vamos à segunda abordagem: adicionaremos ao primeiro item do menu outro submenu com quatro subitens. A diferença é que adicionaremos o atributo *class* a esta lista, que se chamará *sidebar*. O HTML deve ficar assim:

```html
<!DOCTYPE html>
<html>
    <head>
        <meta charset="UTF-8">
        <meta name="viewport" content="width=device-width, initial-scale=1.0">
        <title>Atividade 4 - Menus</title>
        <link rel="stylesheet" href="menus.css">
    </head>
    <body>

        <div class="main">

            <ul>
                <li>item a
                    <ul class="sidebar">
                        <li>item a.1</li>
                        <li>item a.2</li>
                        <li>item a.3</li>
                        <li>item a.4</li>
                    </ul>
                </li>
                <li>item b
                    <ul>
                        <li>item b.1</li>
                        <li>item b.2</li>
                        <li>item b.3</li>
                        <li>item b.4</li>
                    </ul>
                </li>
                <li>item c</li>
                <li>item d</li>
```

```
        </ul>
    </div>
</body>
</html>
```

O resultado será:

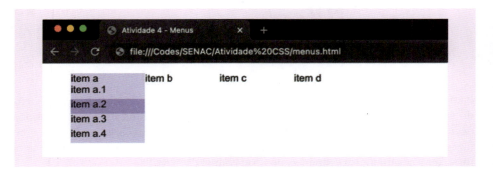

Neste momento, o comportamento é idêntico ao do item b do menu. Vamos mudar isso, mas antes definiremos que o *div.main* tem largura e altura máximas ajustadas à tela; para isso, usaremos as medidas *vw* e *vh*.

Com essa alteração, criamos uma caixa com o *div.main*. Agora, vamos fixá-la usando a propriedade *overflow*, que apresenta alguns valores possíveis. Seus comportamentos são os seguintes:

- *overflow:visible* – determina que um elemento maior, ou que esteja além dos limites do elemento definido com essa propriedade e esse valor, seja visível.
- *overflow:hidden* – determina que um elemento maior, ou que esteja além dos limites do elemento definido com essa propriedade e esse valor, seja oculto.
- *overflow:scroll* – determina que um elemento maior, ou que esteja além dos limites do elemento definido com essa propriedade e esse valor, seja visível, mas que, para visualizá-lo, seja criada uma barra de rolagem.

Com base nessa definição e lembrando que queremos ocultar o menu, optaremos pelo *overflow:hidden*. Vamos aproveitar e determinar a largura do *ul.submenu* em 60vw, com posição fixa em -60vw à esquerda e um pequeno *padding* de 12 px para organizar melhor o conteúdo.

```
.main > ul > li > ul.sidebar {
    display: block;
    left: -60vw;
    width: 60vw;
    position: fixed;
    background-color: #bfa5ed;
    padding: 12px;
}
```

A tela ficará assim:

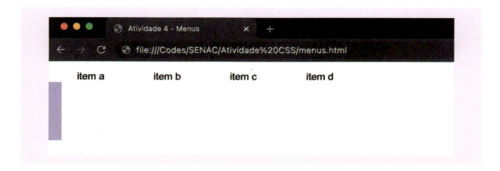

Para que o menu não fique oculto, foi utilizada a propriedade *display:block*. Agora, precisamos adicionar ao CSS uma instrução que determinará a posição do *ul.submenu* à esquerda. Como o submenu está em -60vw, a ideia aqui é trazê-lo a 0.

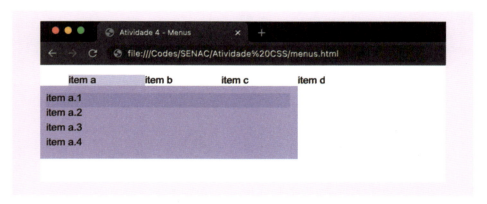

Um dos efeitos que usaremos para encerrar esta atividade é impossível de ser demonstrado aqui. Ele é obtido por meio da propriedade *transition*, que define o comportamento de uma animação, elemento cujas propriedades são alteradas por mudanças de status e valores no CSS. Em nosso caso, alteramos a propriedade left de -60vw para 0, e essa mudança pode ser animada. Então, passamos ao CSS a propriedade e a duração em segundos, podendo fracionar os segundos em décimos; 0,6 s, por exemplo, equivale a 60% de 1 segundo.

```
.main > ul > li > ul.sidebar {
    display: block;
    left: -60vw;
    width: 60vw;
    position: fixed;
    background-color: #bfa5ed;
    padding: 12px;
    transition: left 1s;
}
```

Assim como *border*, *transition* é um *shorthand* para quatro propriedades do CSS:

- *transition-property* – define a propriedade que está sendo alterada, como *left*, *top*, *background-color*, *color*, entre outras.

- *transition-duration* – define a duração da transição (em segundos).

- *transition-timing-function* – define a função que será utilizada durante a animação, bem como o comportamento. Os valores são *ease*, *ease-in*, *ease-out*, *ease-in-out*, que informam se a animação começará ou terminará mais lenta; e *linear*, que define que a animação manterá a mesma velocidade do começo ao fim.

- *transition-delay* – define o tempo, em segundos, que a transição deve aguardar antes de começar.

Com base nesses novos conhecimentos, faça experimentos alterando o tempo e a função usados na animação do menu.

4
Acessibilidade

OBJETIVOS

» Entender como um código bem
escrito pode ajudar a democratizar
o acesso à internet

» Conhecer algumas ferramentas
e diretrizes de acessibilidade

Codificando para todos!

Como vimos, a internet está presente no dia a dia de todos e em todos os lugares. O desenvolvimento web, que se baseia no HTML e no CSS, permitiu que as barreiras de programação fossem democratizadas e o resultado se tornasse visível em todos os tipos de dispositivo.

Contudo, na mesma velocidade com que isso aconteceu, também apareceram as barreiras para os que apresentam alguma dificuldade de acesso, seja intelectual, física ou motora.

O que tentamos mostrar desde a primeira atividade é que o desenvolvimento web pode ser para todos, desde que as regras criadas no começo sejam seguidas, e a semântica do conteúdo, preservada.

Escrever um bom código ajuda não somente os robôs das ferramentas de busca a indexarem e pesquisarem no conteúdo, mas também o trabalho dos leitores de tela e de outras ferramentas criadas especialmente para desfazer barreiras e tornar o conteúdo acessível a todos.

Leitores de tela

Os leitores de tela surgiram logo no começo da era dos computadores, quando a preocupação com a acessibilidade estava presente mesmo que de forma rudimentar, no Windows 3.1, com os temas de cor em alto contraste e a ferramenta de lupa, que até hoje encontramos no Windows.

Recursos poderosos como esses, que colaboram muito para a acessibilidade, transformam o texto da tela em som ou entregam outro tipo de feedback, como o sensorial, por braille, as legendas para disléxicos e outros tipos que sempre surpreendem quando vemos aplicados.

Há algum tempo os computadores Windows têm recurso de voz, e os Macs + iOS da Apple contam com o VoiceOver como ferramenta de leitura de tela. Nos celulares com Android, temos o TalkBack, e, em paralelo, ainda há a possibilidade de instalar ferramentas como NVDA e Jaws.

Isso só é possível quando o código criado é acessível, semântico e faz sentido para a ferramenta escolhida pelo usuário para ajudá-lo a navegar.

WCAG

Para manter a semântica e, por vezes, corrigir um ou outro desvio das normas do HTML, foi criado o grupo Web Accessibility Initiative (WAI), que, entre seus grupos de trabalho, desenvolveu o Web Content Accessibility Guideline (WCAG), um guia para orientar o desenvolvimento de conteúdo para a web.

Esse guia completo, hoje na versão 2 (em rascunho para a versão 3), determina uma série de regras para a semântica e a aparência dos conteúdos, de modo que possam ser utilizados na web.

Acessibilidade – 177

O WCAG tem uma série de diretrizes, e cada uma pode receber uma nota (A, AA ou AAA):

- **A** – atende um dos requisitos deste nível.

- **AA** – atende um dos requisitos deste nível e completamente os do nível A.

- **AAA** – atende um dos requisitos deste nível e completamente os dos níveis A e AA.

As diretrizes são compostas por quatro categorias, que se subdividem.

- **Perceptível** – a informação deve ser apresentada ao usuário de modo perceptível. Isso significa:

  - Fornecer alternativas em texto para qualquer conteúdo não textual, transformando-o de acordo com as necessidades dos usuários: impressão em fonte maior, braille, fala, símbolos ou linguagem mais simples.

  - Fornecer alternativas a mídias baseadas em tempo.

  - Criar conteúdo que pode ser apresentado de diferentes maneiras (por exemplo, um layout simplificado), sem perder informação ou estrutura.

  - Facilitar a audição e a visualização de conteúdo para os usuários, incluindo a separação entre o primeiro plano e o plano de fundo.

- **Operável** – a interface e a navegação devem ser operacionalizáveis pelo usuário. Isso significa:

  - Fazer toda funcionalidade estar disponível por meio de um teclado.

  - Fornecer aos usuários tempo suficiente para ler e utilizar o conteúdo.

  - Não criar conteúdo em uma forma que conhecidamente pode provocar convulsões.

  - Fornecer maneiras de ajudar os usuários a navegar, localizar conteúdos e determinar onde se encontram.

- **Compreensível** – a interface e a navegação devem ser compreensíveis para o usuário. Isso significa:

  - Transformar o conteúdo em texto legível e compreensível.

  - Fazer as páginas web aparecerem e funcionarem de modo previsível.

  - Ajudar os usuários a evitar e corrigir erros.

- **Robusto** – o conteúdo deve ser robusto o suficiente para ser lido por diferentes tecnologias, inclusive tecnologias assistivas. Isso significa:

  - Maximizar a compatibilidade entre os atuais e futuros agentes de usuário, incluindo tecnologias assistivas.

Pode parecer complexo, mas basta seguir a semântica do código e tomar cuidado com algumas decisões, não inserindo, por exemplo, um texto na cor preta em fundo azul-escuro, ou, então, um texto em amarelo em fundo branco. Outros aspectos não devem ser esquecidos, como o uso de legendas em vídeo, que abordamos na atividade 4 do capítulo 2, e mesmo a constante preocupação em utilizar o atributo *alt* em todas as imagens relevantes, ainda que sem texto (a maioria dos leitores de tela pula as imagens sem texto no *alt*, mas, caso não encontre o *alt*, tende a ler *imagem sem descrição*).

ARIA

Apesar disso, nem sempre a semântica e o correto HTML são suficientes para manter o conteúdo acessível. Assim, foi desenvolvida a norma Accessible Rich Internet Applications (ARIA), que apresenta atributos próprios para ajudar em situações diversas, como um conteúdo que precisa de uma descrição longa ou que deve ser ignorado pelos leitores de tela.

O ARIA é dividido em regras, status e propriedades. As regras alteram o comportamento do elemento, que assume, assim, outra característica para o navegador, e o usuário que utiliza um leitor de tela ou outra ferramenta de acessibilidade é notificado.

As regras são categorizadas em *abstract roles*, *widget roles*, *document structure roles*, *landmark roles*, *live region roles* e *window roles*, cada grupo com seu grau de importância e de impacto para o usuário. Poderíamos ter definido, por exemplo, que o menu que fizemos na atividade 5 do capítulo 3 tivesse uma regra *navigation*:

```
<ul role="navigation">
```

No entanto, poderíamos ter utilizado a tag <nav> antes do menu e, assim, indicaríamos esse comportamento para o navegador e os leitores de tela.

```
<nav>
    <ul>
        <li>
```

Do mesmo modo, poderíamos informar que nossa lista de músicas invoca o comportamento de pop-up com as regras de Live Region:

```
<li aria-haspopup="true">
```

Ou que o *div.clip* dessa atividade está oculto usando *aria-hidden="true"*.

```
<div class="clip" aria-hidden="true">
```

O ARIA é muito extenso, e podemos revisar cada atividade e adicionar atributos em diversos elementos. Esse estudo é longo e demanda investigações.

Para manter-se atualizado, sugerimos visitar periodicamente o link www.w3.org/TR/wai-aria, em que você pode conhecer os detalhes de cada aspecto mencionado.

Anotações

Sobre o autor

Paulo Henrique Santo Pedro é técnico em desenho de comunicação pela Etec Carlos de Campos e bacharel em ciências da computação pela Universidade São Judas, com MBA em arquitetura de soluções pela FIAP. Desde 1999 atua em múltiplos projetos que envolvem tecnologia da informação e hoje é sócio de empresas ligadas à educação com foco em transformação digital e especializadas em educação pública. O pontapé inicial na carreira de programação foi dado no Senac São Paulo, onde cursou Desenvolvimento de Websites e aprendeu os fundamentos da internet com HTML (na época na versão 3) utilizando o Bloco de Notas como interface de programação e o Internet Explorer 4.

Índice geral

<a>, 51, 53, 55, 76, 128, 129, 130, 137
<aside>, 37, 38, 41, 42, 49, 50, 82, 114
<audio>, 67, 68, 69
<body>, 34, 35, 36
<div>, 82, 83, 114, 116, 121, 123, 138, 150
<figcaption>, 64 ,65
<figure>, 64, 65, 67
<footer>, 34, 36
<form>, 148
<head>, 34, 35, 36, 89, 110, 114, 125
<href>, 48
<img>, 33, 34, 59, 64, 68, 76, 116
<input>, 99, 102, 103, 104, 149, 154, 155, 157, 161
<label>, 149
<li>, 42, 43, 45, 96, 97, 100, 101, 104, 122, 123, 128,
<link>, 110
<main>, 37, 38, 50, 82
<nav>, 42, 48, 50, 51, 179
<ol>, 42, 43, 45, 95, 96, 100, 101, 123
<optgroup>, 158
<option>, 157
<p>
<section>, 37, 38, 82, 114
<select>, 157
<source>, 67, 70
<style>, 87, 92, 105, 106, 108, 109, 110, 113
<table>, 72, 73, 74, 77, 78, 81, 114
<tbody>, 72, 76, 77
<td>, 73, 76, 80, 114
<textarea>, 159
<tfoot>, 72, 77
<th>, 73, 77
<thead>, 72, 77
<tr>, 73, 77, 114
<track>, 70, 71
<ul>, 42, 47, 95, 96, 100, 105, 123
<video>, 68, 69, 70, 81
Aba, 21, 28, 32, 33, 35, 42, 61, 62, 70, 90, 91, 97, 110, 111, 119, 123
    Elements (*Elementos*), 32, 90, 97, 111, 119, 123
    Sources (*Fontes*), 21, 23, 31, 33, 42, 91, 110, 111, 112
    Network (*Rede*), 61, 62, 70
Acessibilidade, 36, 40, 71, 113, 149, 175, 177, 179
alt, 179

Alto contraste, 177

Âncora, 48, 51, 54, 55, 56, 128

ARIA, 179

Áudio, 57, 67, 69

autoplay, 67, 68, 69

background, 114, 141, 144
   -color, 123, 139, 169, 174
   -image, 143
   -size 146
   -repeat, 144,146

Bloco de Notas, 16, 17, 18, 28
   Usando como ferramenta de programação, 18

border, 85, 135, 174
   -width, 135
   -style, 135
   -color, 135
   -radius, 139

braille, 163, 177,178,

Cabeçalhos, 34, 36, 38, 39, 54,72,73,120,

Chrome, 19, 20, 21, 22, 23, 27, 28, 31, 32, 34, 37, 42, 81, 90, 110, 112, 120, 124
   Instalando, 19
   Usando como ferramenta de programação, 20

color, 15, 85, 88, 139, 174

contain, 146

cover, 146

class, 86, 87, 88, 116,119,125,138,171

colspan, 77

controls, 67, 68, 69

Debugar, 31, 33, 35

destaque, 88, 90,

display, 126, 130, 132
   :*block*, 126, 173
   :*inline*, 126
   :*inline-block*, 126, 132
   :*flex*, 126, 130, 132, 147, 150
   :*none*, 126, 132

ease, 174
   -in, 174
   -out, 174
   -in-out, 174

encoding, 18, 89, 90, 124

Estilos, 15, 34, 104, 105, 109, 111, 112, 113

Hierarquia de, 85,

Folha de, 15, 36, 85, 86

font, 15
   -family, 15, 91

-*style*, 98
-*size*, 16, 120
-*weight*, 16, 98
Formatação, 85, 87, 91, 104, 107, 113, 114, 122, 125, 126, 163
forms, 147, 148
Geografia do CSS, A, 125
Hipertexto, 13, 14
hover, 123, 128, 167,169
id, 86, 116,119, 128, 149
Imagens, 13, 14, 33, 36, 57, 59, 60, 61, 63, 64, 65, 66, 71, 75, 89, 141, 166, 179
index, 34, 37, 42, 48, 52, 55, 56, 68, 69, 75, 108, 109, 111, 112, 113
inline style, 104
Internet 2.0, 57
Itálico, 40, 98
Jaws, 177
Leitor de tela, 40, 177, 179
line-height, 98, 139
Listas, 16, 42, 44, 45, 46, 47, 48, 92, 95, 99, 103, 123, 168
Linguagem de marcação, 13, 14, 86, 87
marker, 97,123
media-queryes, 163
method, 148
   = "*post*", 148
   = "*get*", 148
multiple, 158
name, 52, 53, 128, 149, 154
NVDA, 177
Negrito, 33, 40, 98, 114,
opacity, 140
overflow, 166, 172
   :*visible*, 172
   :*hidden*, 172
   :*scroll*, 172
overlay, 138, 139, 140, 141, 142, 143,
padding, 122, 123, 172
Parágrafo, 33, 36, 40, 41, 51, 87, 88, 90, 92, 98, 103, 114
placeholder, 156
position, 133
   :*relative*, 133
   :*absolute*, 133
   :*fixed*, 134
Prioridades do CSS, 113
Pseudoelemento, 97, 125, 128, 129, 167
required, 162
roles, 179
   abstract, 179

document structure, 179
landmark, 179
live region, 179
widget, 179
window, 179
rowspan, 77, 78, 80
Seletor, 86, 87, 88, 90, 93, 97, 99, 100, 101, 104, 113, 118, 121, 122, 123, 130, 158, 159, 163, 164
    De classe, 87, 88
    De cadeia, 100
Shorthand, 135, 174
size, 15, 85, 158
sprite image, 144
srcset, 61, 66
style, 98, 104, 105, 113, 123, 135, 143
Tabela, 39, 71, 72, 73, 75, 77, 81, 82, 85, 90, 114, 122, 147
table, 75
tableless, 81, 82, 114, 155
table row, 73
Tabulação, 72
TalkBack, 177
target, 128 ,129, 134,
text, 149
    -decoration, 16, 98, 139
    -align, 16, 98, 139
TimBL, 14
transition, 173, 174
    -property, 174
    -duration, 174
    -timing-function, 174
    -delay, 174
Vídeo, 34, 57, 68, 69, 70, 71, 75, 179,
viewport, 136
    height, 118
    width, 118
VoiceOver, 177
VS Code, 16, 24, 26, 27, 28
    Do Bloco de Notas ao, 16
    Instalando, 24
W3C, 14, 81, 121
WAI, 177
WCAG, 177, 178
width, 61, 66, 68, 118, 135, 139
    max-, 163, 164
    min-, 164
z-index, 125, 141

Referências

GOOGLE. Chrome. **Google**, [*s. d.*]. Disponível em: https://www.google.com/intl/pt-BR/chrome/. Acesso em: 15 dez. 2023.

MICROSOFT. Visual Studio Code. **Microsoft**, [*s. d.*]. Disponível em: https://code.visualstudio.com/. Acesso em: 15 dez. 2023.

THE WORLD WIDE WEB CONSORTIUM (W3C). Cascading Style Sheets. **W3C**, [*s. d.*]. Disponível em: https://www.w3.org/Style/CSS/Overview.en.html. Acesso em: 15 dez. 2023.

W3SCHOOLS. CSS Tutorial. **W3Schools**, [*s. d.*]. Disponível em: https://www.w3schools.com/css/default.asp. Acesso em: 15 dez. 2023.

W3SCHOOLS. HTML Tutorial. **W3Schools**, [*s. d.*]. Disponível em: https://www.w3schools.com/html/default.asp. Acesso em: 15 dez. 2023.

WEB HYPERTEXT APPLICATION TECHNOLOGY WORKING GROUP (WHATWG). HTML: Living Standard. **WHATWG**, [*s. d.*]. Disponível em: https://html.spec.whatwg.org/multipage/. Acesso em: 15 dez. 2023.

Anotações